부모와 교사의
진로코칭
마인드셋

부모와 교사의 진로코칭 마인드셋

초판 1쇄 인쇄   2020년 12월 14일
초판 1쇄 발행   2020년 12월 21일

지은이   김미숙
펴낸이   하인숙

기획총괄   김현종
책임편집   최창숙
디자인   정희정

펴낸곳   ㈜더블북코리아
출판등록   2009년 4월 13일 제2009-000020호
주소   서울시 양천구 목동서로 77 현대월드타워 1713호
전화   02-2061-0765   팩스   02-2061-0766
포스트   post.naver.com/doublebook
페이스북   www.facebook.com/doublebook1
이메일   doublebook@naver.com

"30년 교육 현장의 생생한 진로상담 이야기"

부모와 교사의 진로코칭 마인드셋

김미숙 지음

더블북

부모와 교사는 한 아이가 온전한 사회인이 되기까지 가장 가까이 있는 멘토이며 코치이다. 더불어 중요하고 의미 있는 타인이다. 이 책은 아이가 자신의 씨앗대로 잘 자라게 하기 위해 부모와 교사로서 가져야 할 자세와 역할이 무엇인지를 다시금 생각하게 한다. 또한 현장에서의 경험과 진로 조력을 위한 팁을 담고 있어서 중·고생 학부모나 교사, 그리고 진로 전문가들에게 실질적인 도움이 될 것으로 보인다. 자녀나 학생의 진로코칭(상담)에 대해 고민 중이라면 읽어보기를 권한다.

임경희 순천대학교 교수

시대가 원하는 좋은 부모와 교사라면 마땅히 어떠해야 하는가? 이 책은 아이를 키우는 부모와 학생을 가르치는 교사를 위한 책이다. 당신이 진정 아이의 성장과 발전을 원한다면 어떤 마인드가 필요한지에 대해 말하고 있다. 지금보다 더 잘하고 싶은 부모와 교사인가? 그렇다면 이 책 속에서 진로코칭(상담)의 팁을 얻어 보시기를 바란다.

정정옥 순천고등학교 수석교사

이 책은 중·고등학교 진로교사를 위한 학교에서의 효과적인 진로상담, 진로 컨설팅, 진로코칭에 대한 경험적 내용을 담고 있으며, 저자의 3-MAO(Me As an Observer) 코칭 프로세스에서 성장과 발전을 위한 성찰과 질문의 중요성을 생각하게 한다. 평소 코칭에 대해 관심 있는 분들이라면 의미 있는 도움이 될 것이다.

이제동 순천별량중학교 진로진학상담 교사

이 책은 중·고등학교 진로교사의 정체성과 학교 진로상담(코칭)을 위한 전반적인 팁을 담고 있다. 따라서 진로교사가 학교에서의 실질적인 진로상담(코칭) 업무를 수행하는 데 큰 도움이 될 것으로 생각한다. 특히, 진로유형별 진로상담(코칭) 가이드와 진로교사를 위한 홀랜드이론에 대한 핵심 설명은 진로교사들이 심리검사 결과 프로파일 속에서 의미 있는 정보를 찾아내고, 이를 바탕으로 학생에 대한 이해와 진로 조력을 할 수 있도록 알기 쉽게 안내하고 있으므로 진로교사들이 꼭 읽어보기를 권한다.

나혜진 순천팔마중학교 진로진학상담 교사
배정화 순천월전중학교 진로진학상담 교사

교사가 보는 '좋은 교사'란?

인간은 누구나 행복하게 잘 살고 싶은 욕구가 있다. 그리고 모두에게 그럴 권리가 있다. 행복의 기준은 매우 주관적인 것이라 어떻게 사는 것이 행복하게 사는 것인지는 개인마다 다르다. 하지만 누구라도 타고난 자신의 씨앗과 모양대로 자라서 충분한 향기를 내며 자기답게 살면 그것이 행복일 것이다.

그렇게 살기 위해서는 자기가 어떤 씨앗인지, 어떤 모양으로 자랄 것인지, 잘 자란다면 어떤 향기가 나고, 어떤 그릇으로, 세상에 어떤 역할을 할 것인지에 대해 알아야 한다. 이를 위해 자신에 대해 호기심을 가지고 자기를 잘 관찰하는 습관을 길러야 하고, 더불어 자라면서 자기의 특성과 재능 및 잠재력을 알기 위한 노력을 스스로 해야 한다. 즉, 자기이해 활동을 통해 자기가 무엇을 좋아하고, 무엇을 잘하며, 무엇을 중요하게 생각하고, 자신이 남과 어떻게 다른지 알기 위한 활동이 필요하다는 뜻이다. 다시 말하면 자신이 어떤 사람인지 아는 것이다. 이것이 곧 자신의 행복한 삶을 위한, 진로개발 역량을 기르는 기본적 자세와 마음가짐이다. 이는 개인의 진로 비전 설계에 매우 중요하다.

그러나 자기의 특성을 알고 자신이 누구인지 아는 것이, 오직 아이만의 힘으로 가능하고 쉬운 일이던가? 아이가 온전한 사회인이 되기까지는, 좋은 어른의 도움 없이는 다소 어려운 일이다. 사회와 국가 차원에서 제도나 정책 등으로 도움을 줄 수는 있겠지만, 그것은 전체를 보는 큰 틀이며, 개인에게 밀착하여 조력하기에는 한계가 있다. 따라서 늘 가까이에 있는 의미 있는 어른이 필요한 것이다. 이런 역할이 가능한 사람이 곧 부모와 교사이다.

중요한 타인인 부모와 교사가 자녀나 학생의 그러한 자기이해 활동을 조력하고 촉진해야 한다. 자녀와 학생이 자신의 숨은 잠재력과 자원을 알지 못할 때, 다양한 방법과 정보를 제공하여 자기이해를 도와야 한다는 것이다. 혹시 스스로 만든 한계가 있는지 찾게 하고, 그 한계를 넘을 수 있도록 방법을 함께 모색하며, 세상을 향한 도전을 두려워할 때 가까이서 손을 잡아 주고 용기를 줄 수 있는 사람이 진정 부모와 교사인 것이다. 자기를 잘 아는 자기다운 삶은 개인의 가치실현과 삶의 질을 향상시키는 것은 물론이고, 사회의 가치를 실현하는 차원에서도 중요한 일이다.

부모와 교사는 아이에게 의미 있는 중요한 타인으로, 아이의 성장과정에서 동일시의 대상이다. 이것이 부모와 교사가 아이에 대해 무거운 책임감을 느껴야 하는 이유이다. 가정과 학교가 연계하여 아이의 온전한 사회인 되기 프로젝트를 고민한다면, 아이를 씨앗대로 자라게 하는 일이 어렵지 않을 것이다. 여기에 사회와 국가의 협조가 동반되는 것은 아이 성장과 발전에 가장 바람직한 일이라 할 수 있겠다.

세상에 존재하는 사람 중에 나와 똑같은 사람은 아무도 없다. 홍채 인식이나 지문 인식으로 나를 확인하는 시스템이 세상에 나와 같은 사람이 존재하지 않는다는 증거이다. 따라서 나는 세상에서 유일한 존재라고 말할 수 있다. 세계적으로 몇 마리 남지 않은 희귀 동물이나 멸종 위기에 놓인 동물들을 보호하기 위해, 인간들은 법과 제도를 만들고, 관련 단체들이 나서서 홍보활동도 하곤 한다.

하지만 따지고 보면 세상에 나보다 희귀한 존재는 없으니 내가 가장 보호받고, 사랑받고, 존중받아야 할 존재가 아니겠는가? 그래서 내가 나를 사랑하고 존중하는 것은 너무나도 당연한 일이다. 내가 소중하니 나의 삶 또한 소중하며, 가꾸고 준비해야 할 책임이 자신에게 있다고 할 수 있다. 따라서 내 삶을 함부로 하여 되는 대로 흘러가게 내버려 두는 것은 매우 무책임한 일이다.

최근에는 이러한 귀한 존재인 사람을 하나의 '자원의 관점'으로 보고, 인적 자원의 개발 및 관리에 관한 연구활동이 활발히 이루어지고 있다. 인간이 저마다 타고난 씨앗과 모양대로 살고, 개인의 재능과 잠재력 개발을 촉진하여 행복한 삶을 살 수 있도록 하는 것은 개인이나 조직, 사회를 위해 가치 있는 일이기 때문이다.

필자는 약 30여 년의 교직 생활에서 부모와 교사의 바람직한 역할에 대한 고민을 많이 했다. 스스로 알아서 척척 잘하는 아이는 부모가 가정에서 어떤 교육을 했을까 궁금했고, 누가 봐도 부모의 문제와 아이의 문제가 연결되어 있음을 알 때는 부모의 역할에 대한 프로그램 제도화에 대해 말하였다. 또 부모가 아이를 도우려 발버둥 쳐도 안 될 때는 교사가 부모의 역할을 대신해야 하는 사명감에 대해 고민했다. 즉, 좋은 부모와 좋은 교사, 그리고 시대가 원하는 그들의 역할에 대해 고민해 왔다. 그리고 인간의 가능성과 잠재력을 발견하고 성장과 발전을 위한 인적 자원 개발 기법에 관심을 가졌다. 학교에서 만나는 학생들의 개인적인 잠재력 발현을 돕는 것은 학생 개인에 대한 가치실현에만 의미가 있는 것이 아니라, 나아가 사회의 가치 및 질적 향상으로 이어짐을 잘 알고 있기 때문이다.

필자의 고민을 바탕으로 본 책을 구성하였다. 자녀의 진로코칭에 대해 고민하는 부모와, 학생의 진로코칭에 대해 고뇌하는 교사의 마음을 중심으로, 부모의 입장에서는 자녀의 진로개발에 도움이 될 부모의 마인드셋 위주로 구성하였다. 그리고 교사를 위한 장(章)에서는 교사의 진로코칭 마인드셋과, 진로교사들에게 도움이 될 현장의 생생한 필자의 경험 사례를 넣었다. 그리고 진로상담을 위한 유형에 따른 상담 가이드를 제공하고, 미래 직업 전망 분야를 알아보게 함으로써, 일반 교사를 위한 진로코칭 팁을 안내하고 있다. 특히 진로교사들에게는 이론과 실제를 겸비한 지침서가 될 것으로 생각한다.

2020년 11월

김미숙

2부. 진로코칭 적용하기

1장. 개인적·사회적 자원인 인간의 성장

2장. 진로 조력을 위한 상담, 컨설팅, 코칭

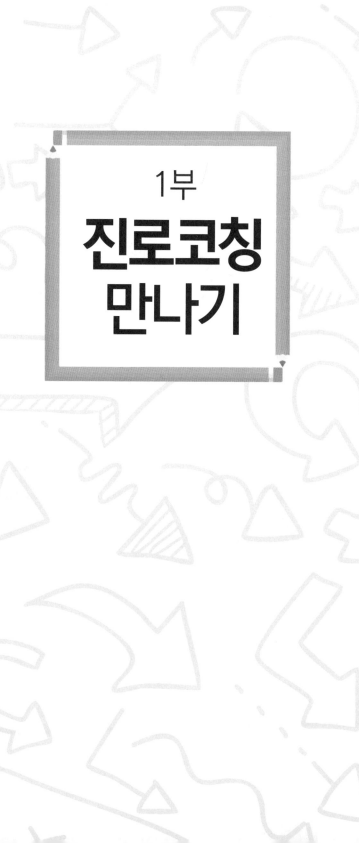

1부

진로코칭 만나기

내 안에 거인이 들어 있다.

나의 잠재력은 무한하다.

오로지 잠재력과 가능성에 주목하라.

1장

진로코칭의 이해

1. 진로코칭이란 무엇인가?

진로는 한 개인이 일생을 통해 수행하게 되는 일의 총체(Hoyt, 1974)이자 생애직업 발달과 그 과정을 가리키는 포괄적인 의미로, 출생에서 사망까지 '개인의 생애 전반'이라 할 수 있다(천성문 외, 2020).

코치(coach)란, 1500년대에는 사람들을 현재 있는 곳에서 가고자 하는 곳으로 실어다 주는 운송 수단인 마차를 가리키는 단어였으나, 그 후 스포츠, 비즈니스, 라이프, 심리학, 교육학, 학습, 진로 등 다양한 영역에서 인적자원 개발에 적용되고 있다. 이제 코칭(coaching)은 사람들을 원하는 곳으로 실어다 주는 것이 아니라, 그들 스스로 원하는 곳으로 갈 수 있도록 지원해 주는 개념으로 사용되고 있다(박창규 외, 2019).

코칭에 대한 합의된 정의는 아직 없다. 학자들에 따라, 또는 보는 관점이나 관련 기관들의 코칭철학 등에 따라 그 정의가 조금씩 다르다. 다소 다른 관점들 속에서 공통점을 찾아 요약해 보면, 코칭이란 기업이나 개인의 잠재능력을 발휘하게 하여 원하는 목표를 성취하고 기대하는 성장을 끌어내기 위한 코치의 조력이다. 이를 위해서는 고유한 코칭시스템(코칭철학, 코칭모델, 코칭스킬, 코칭대화 프로세스 등)을 활용한다.

진로코칭은 개인의 인생 전반에서 진로와 관련한 다양한 이슈들에 대해 스스로 해결방안을 찾고, 그 방안을 실행하며 자신의 잠재능력을 최대한 발휘할 수 있도록 조력하는 커뮤니케이션 과정이다. 일반인과 직장인의 진로코칭 주요 이슈는 주로 직장 내 적응, 경력 단절, 이직 등 경력 개발과 관련된 내용이며, 초·중·고 학생 및 대학생들의 진로코칭 주제는 자신의 진로개발을 위한 강점 찾기, 흥미·적성 발견, 학습 방법 개선, 학과 탐색, 직업 탐색 등 자기이해를 바탕으로 한 진학과 진로(직업) 준비에 대한 조력 및 촉진 관련 활동들이다.

2. 왜 진로코칭인가?

진로를 인간 삶의 전반으로 보고, 코칭을 스스로 원하는 곳으로 갈 수 있도록 지원해 주는 개념으로 볼 때, 두 낱말은 참 잘 어울리는 조합이다. '나는 누구인가'를 알아 가는 자아개념의 성숙에 따라 전 생애 과정에서 진로 발달을 말한 슈퍼(Super, 1953)는 15~24세를 진로 탐색기라 하였다. 그는 생애 단계별로 달성해야 할 과업이 있고, 그 과업을 수행하는 것이 자신의 진로와 관련하여 성숙되는 것이라 하였다. 성장기, 탐색기, 확립기, 유지기, 쇠퇴기 중에서 청소년기인 탐색기는 자신의 흥미나 적성 등 특성에 맞는 진로 직업에 대한 정보를 찾아보고, 경험과 체험을 통한 적극적 진로 탐색활동이 필요한 시기이다. 이 단계에서는 자기의 특성을 이해하고 다양한 직업정보 탐색으로 직업 세계 이해의 과업 달성에 따라 자아개념의 성숙 정도가 달라진다(이재창, 2014).

학교 현장이나 관련 기관의 연구조사를 보아도 탐색기 과업과 관련하여 진로 문제를 안고 있는 청소년은 상당히 많다.

통계청에서 발표한 2018년 13~24세 청소년 대상 사회조사 결과를 보면, 그들이 고민하는 것의 1위는 '진로' 문제이다. 중·고생은 적성을 바탕으로 한 성적 고민으로 학과나 대학 선택의 문제를, 대학생은 실제 직업 선택의 문제를 해결하고 싶어 하는 것으로 나타났다. 청소년들에게는 자신이 장래에 무슨 일을 하며 어떻게 살아갈지, 그러기 위해 학과나 대학, 직업을 어떻게 선택하는 것이 좋을지에 대한 도움이 필요하다는 것을 알 수 있다.

고민에 대해 좀 더 들여다보기 위해 복수 응답 결과를 살펴보면, 13~18세는 공부(성적, 적성 등), 직업(직업 선택, 보수 등), 외모 순으로 나타났으며, 19~24세는 직업(직업 선택, 보수 등), 공부(성적, 적성 등), 외모 순이었고, 그 외 용돈 부족, 가계경제력 등이 고민거리로 드러났다(통계청 사회조사, 2018). 이와 관련된 주관적 만족감의 항목에서는 공부(성적, 적성 등 34.3%), 직업(직업 선택, 보수 등 25.9%)만이 만족으로 나타났고, 나머지는 보통이나 불만족에 응답했다(통계청 사회조사, 2018).

이는 같은 해 한국청소년정책연구원에서 실시한 아동·청소년 인권 실태조사의 '스트레스 원인 및 정도' 조사에서 중·고생들이 미래 진로를 불안하게 생각하고 있는 결과와 맥을 같이 한다. 종합하면, 중·고·대학생의 60% 정도가 진로에 대해 고민하고 있으며, 자신이 선택하려 하는 직업에 대해서는 4명 중 1명만이 만족하고 있는 것으로 볼 수 있다.

개인이 어떤 진로를 어떻게 준비하고 선택하는가에 따라 개인의 자아실현 및 삶의 질과 만족도는 크게 달라진다. 이는 또한 개인이 속해 있는 사회의 가치실현 및 삶의 질과도 관련되어 있다. 따라서 개인의 잠재능력을 충분히 발휘하도록 돕고, 합리적이고 성숙한 진로 의사결정을 할 수 있도록 조력하는 것은 매우 중요한 일이다.

필자는 이러한 진로 문제 해결을 위해 진로코칭을 적용하고 활용할 것을 제안한다. 진로코칭은 고객의 진로 문제 해결을 위해 고객이 현재 위치에서 원하는 목표를 설정하고, 그 목표 지점의 깃발을 바라보면서 스스로 갈 수 있도록 지원하는 커뮤니케이션 과정이다. 진로코칭을 통해 개인적 특성을 종합적으로 알게 하고, 환경요인의 이해를 넓히며, 상호작용에 대한 개입으로 탐색기 발달에 적합한 자아개념 성숙을 도울 수 있다. 개인과 사회의 삶에 대한 질과 만족도 향상을 위해 진로 탐색기의 진로코칭은 절실하다.

3. 부모와 교사, 이제는 코칭 시대

한국청소년정책연구원이 조사하고 통계청이 발표한 2018년 「아동·청소년 인권 실태조사」에 의하면, '스트레스 원인 및 정도'에 대한 연구조사에서, 미래(진로)에 대한 불안을 묻는 항목에 중학생은 '그런 편이다'와 '매우 그렇다'에 47.9%, 고등학생은 73.4%가 답하였으며, 2017년 같은 조사에서는 '그런 편이다'와 '매우 그렇다'에 중학생은 50.5%, 고등학생은 73.3%의 응답을 하였다. 2년 동안의 결과에서 보면, 중학생은 약 절반 정도와 고등학생 10명 중 7명 넘는 학생들이 미래 진로에 대해 불안해하고, 그로 인한 스트레스 상황에 놓여 있다고 응답한 것이다.

어른들이 볼 때는 그저 아무 생각 없어 보이는 우리 아이들이, 그들 나름대로는 '장래 무엇을 하며 어떻게 살아가야 하는지' 진로에 대한 걱정을 하고 있다는 말이다. 즉, 철없는 것이 아니라 '어떻게 해야 할지 몰라서 힘들어하고 고민하는 중'이라 보아야 한다. 가정과 학교에서 이런 아이들에게 그들의 가장 '중요한 타인'인 부모와 교사가 무엇을 어떻게 도와주어야 하는가?

그들에게 부모와 교사는 진로 비전을 조력할 수 있는 가장 가까이 있는 '진로코치'이다. 그런데 혹시 전문가만의 영역이라 생각하고 있는 것은 아닌가? 진로 전문가들은 시대의 변화가 부모와 교사에게 '진로코치' 역할을 원하고 있으며, 그것이야말로 아이들에게는 절실히 필요한 것이라고 말한다.

급변하는 사회는 고령화와 저출산, 부모의 자녀 교육에 대한 어려움까지 다양한 문제들과 관련되어 있다. 젊은 세대에서는 비혼이 늘고 있고, 결혼한다고 하더라도 겨우 1명 정도의 아이를 낳아, 어릴 적 부모로부터 배우고 익힌 부모 역할을 토대로 양육에 최선을 다한다. 그러나 변화하는 세상은 배워 보지 못한 새로운 부모의 역할을 원하고 있으며, 이런 이유로 양육과 교육이 어렵고 힘든 것이 현실이다.

교사들도 어렵기는 마찬가지이다. 본인들의 학창 시절을 통해 알고 있는 교사의 역할에 새로운 진로 영역의 전문성까지 갖추기를 요구받고 있기 때문이다. 그렇지만 그 역할이 버겁다고 하여 피할 수는 없는 일이다.

부모와 교사는 아이를 양육하고 교육하는 존재이므로, 시대 변화에 따라 새로운 역할을 기대하는 것은 당연하다. '부모와 교사로서 아이의 행복에 어떤 도움을 줄 수 있을까?'라는 질문에 대한 '답을 찾아가는 마음' 하나라면 양육자와 교육자로서의 충분한 자세를 가졌다고 볼 수 있다.

2019년 우리나라 국민의 평균연령은 전년 대비 0.6세 높아진 42.1세로 나타났다. TV 예능 프로그램의 주축이 되는 MC나 출연진만 보아도 30대 중·후반에서 50대 초반이 주를 이룬다. 예전 같으면 20대가 주축이 되고 40대, 50대는 짙은 중년의 이미지로 한 발 뒤로 물러나 있는 것이 보통이었는데 말이다.

우리나라의 평균연령 즈음에 있는 4050 세대 기혼자라면, 현재 자녀들이 학생 신분이거나 사회 초년생일 경우가 많을 것이다. 아직은 독립하지 못하고 온전한 사회인이 되기 위해 준비 중이므로, 부모와 교사의 도움이 더 절실한 나이이다. 그래서 부모와 교사는 책임 있는 자세로 아이를 조력할 수 있는 역량을 갖추어야 할 필요가 있다.

부모와 교사 중 아무래도 교육 현장에 있는 교사보다는 부모가 조금 더 진로코칭의 어려움을 느낄 것으로 본다. 현대사회는 국가와 개인의 경제적, 문화적 삶의 수준이 높아지고, 가정마다 자녀가 많지 않으며, 정보통신 기술이 발달하면서 입시를 비롯한 교육제도 전반이 급변하고 있다. 부모들은 본인들이 자라던 시대와 비교해 볼 때, 교육과정이나 입시제도가 너무 많이 달라서 단순히 그것을 이해하는 것만도 어려운 실정이다.

아이들의 정신력이나 생활 태도로 인한 갈등으로, 그때마다 훈육이나 조언을 하자면 날마다 아이와 다투어야 할지도 모른다. 그러므로 적당한 거리를 두고, 아이나 처한 상황을 객관적으로 바라보아야 한다. 말처럼 쉽게 되지는 않겠지만 연습해 보자. 객관적으로 아이를 바라보는 연습을 통해 새롭게 아이의 다른 특성을 볼 수 있을 것이다. 거기서부터 진로코칭 마인드가 시작되는 것이다. 나중에 후회하고 싶지 않은 부모라면 아이를 위한 진로코칭이 무엇인지, 어떤 마인드가 필요한지 대강이라도 알아 두는 것이 필요하다.

진로는 '인간이 태어나서 죽을 때까지의 인생 전반'에 걸쳐 있다. 출생, 진학, 결혼, 취업, 육아, 자녀 결혼, 퇴직, 사망에 이르기까지 모두 진로의 범위 안에 들어간다.

우리네 삶은 선택의 연속이다. 잠자리에 누워 '나는 오늘 얼마나 많은 선택을 했는가?'를 생각해 보라. 사소한 선택, 심사숙고한 선택, 자발적인 선택, 강요당한 선택, 잘한 선택, 후회되는 선택 등 산다는 것이 선택의 연속이라는 것을 부정할 수 없을 것이다. 선택의 기로에서 누구나 좋은 선택과 좋은 결과를 기대하며 고민하게 되는 것이 인지상정(人之常情)이다. 우리는 인생에서 중요한 선택과 맞닥뜨리게 되고 그 선택으로 인해 결과가 크게 달라지기도 한다. 잘못된 선택의 결과가 치명적이지 않다면 얼마든지 회복할 기회가 있겠지만, 만약 그 반대의 경우라면 후회를 남기게 되고 회복하기까지 많은 시간이 필요하게 된다. 이는 인생의 큰 낭비로 이어질 수도 있다.

이러한 의사결정 과정에 도움을 줄 수 있는 적절한 조력자가 있다면 얼마나 좋겠는가? 그가 온전한 사회인이 되기 위한 준비 과정에 있는 학생이라면 더욱더 그렇다. 그러한 조력자 역할은 누가 가장 적절하며, 누구의 몫이라고 보는가? 적어도 성인 초기까지는 그 학생에게 '중요하고 의미 있는 타인'인, 부모와 교사가 그 역할을 해야만 할 것이다. 부모와 교사는 아이의 가장 가까이 있는 좋은 어른으로서, 갈림길에서의 선택을 돕고, 최종적으로 아이가 합리적 의사결정을 할 수 있도록 조력하는 사람이어야 한다.

예전 부모들은 그저 잘 먹이고 잘 입히면 부모 역할을 다 하는 것이라 여겼다. 힘들게 사는 부모를 보면서 아이 스스로 일찍 철이 들고 깨달음을 얻어, 그저 열심히 공부해 주기를 바랐다. 그렇게 개천에서 용도 나고, 그런 자식 덕분에 목에 힘도 주며 자랑하는 시대였다.

하지만 지금은 '개천에서 용이 못 나온다'고들 한다. 이는 현재 대입 제도를 비판하는 입시 분석이나 교육 관련 뉴스에서 자주 접하게 되는 이야기이다. 부모의 재력, 정보력, 뒷바라지가 아이의 진학, 사회 진출, 직업에 큰 영향을 미치고 있다는 안타까운 실태를 반영한 말이다. 그래서 적어도 이 시대의 부모라면, 전문가는 아니더라도 시대가 원하는 부모의 역할이 무엇인지 정도는 알 필요가 있다.

교사도 마찬가지이다. 예전 교사들은 열심히 교재를 연구하고 교실에 들어가서 최선을 다해 가르치면 교사의 역할을 다 하는 것으로 생각했다. 그런데 교사가 열심히 가르친다고 하여 학생들이 열심히 배우던가? '배움의 공동체'를 주장하는 손우정 교수는 말한다. "이제는 학교 수업에서 교사의 가르침보다는 학생의 배움에 집중하라."고 말이다. 즉, 학생의 배움이 어디에서 어떻게 일어나는지를 알고, 그 배움이 활발히 일어날 수 있도록 교사가 조력해야 한다는 것이다.

이것을 학생의 진로에 적용해 보자.

교사의 진로코칭은 학생 스스로가 진로를 찾고 준비하는 탐색 과정에서 배움이 일어나도록 교사가 적절한 조력을 하는 것이다. 탐색 과정 중에서 얻는 배움으로 학생은 스스로 자신의 인생을 설계하고 만들어 가게 된다. 교사는 그 과정에서 문제해결의 방법을 함께 고민하고 관련 정보를 제공하여 얽혀 있는 매듭이 풀리도록 도와주면 된다. 이것이 진로코칭의 시작이요 끝이다.

어렵게 생각하지 말고 부모와 교사가 아이 '인생의 조력자'임을 인식하고, 그 역할과 의무가 무엇인지만 생각하면 된다. 적어도 '라떼는 말야~'를 남발하는 '꼰대'라는 말을 듣고 싶지 않다면 말이다.

2장

진로코칭을 위한 **부모**의 **마인드셋**

1. 부모의 분명한 교육관이 필요하다

유독 사춘기를 유별나게 겪는 아이들을 보면
안타깝게도 부모의 일관된 교육관이 없는 경우를 보곤 한다.

아이의 '인생 프로젝트'에 있어 아이와 부모는 멘토링 관계이다. 아이 인생의 여러 멘토 중에서 부모는 그 누구보다도 가장 오래, 가장 많이, 가장 가까이 있는 멘토로서 중요한 존재이다. 아이는 성장 과정에서 자신을 부모와 동일시하게 되는데, 그런 의미에서 부모는 아이 인생에 상당한 책임이 있다고 볼 수 있다. 따라서 부모의 분명한 교육관이 필요하다. 여기서 말하는 교육관이란, '평소 아이에게 늘 말하고, 행동으로 보여주며, 가르치는 인생의 핵심 철학'으로, '가치나 양육 신념' 같은 것이다. 예를 들어, '자신을 해치고 남을 해치는 일은 안 된다.', '잘못했을 때는 솔직히 그 잘못을 인정하고, 잘못에 대해서 반드시 책임지는 자세를 가져야 한다.', '네 인생 모든 것의 최종 결정은 네가 하는 것이다', '네 인생의 주인은 바로 너다.' 등과 같은 것들이다.

부모가 되고 싶어서 충분히 준비하고 계획하여 부모가 된 사람도 있지만, 얼떨결에 부모가 되어 버린 사람도 있다. 아이에게 최선을 다해도 빗나가는 아이가 있는가 하면, 그냥 특별히 해 준 것 없어도 대견하게 자기 일을 척척 알아서 잘해 주는 아이도 있다. 각기 다른 상황과 맥락이 있기에 아이의 다름에 대해 간단히 말할 수는 없다. 분명한 것은 좋은 부모가 되고 싶다면, 아이에게 초점을 맞추기보다 부모가 어떻게 해야 하는지에 더 초점을 맞추어야 한다.

학교생활 중 다양한 형태의 문제를 유발하면서, 유독 사춘기를 유별나게 겪는 학생들을 보면 안타깝게도 부모의 일관된 교육관이 없는 경우가 대부분이다. 즉, 부모와 아이가 공유하는 양육 철학이나 교육 신념, 중요하게 생각하는 가치, 허용과 불허의 원칙 등이 없는 경우이다. 같은 문제를 두고도 일관성 없이 부모의 기분에 따라서 다른 기준을 적용한다면, 아이들은 언제 어떤 상황이 부모의 빈틈인지를 금방 알아챈다. 이로 인해 파생되는 문제는 가랑비에 옷 젖듯이 조금씩 늘어나며 깊이도 깊어진다. 그러므로 말귀를 알아들을 수 있는 나이가 되면서부터는 서로가 이해하는 가치나 신념, 허용되는 것과 안 되는 것이 분명하게 적용되는 부모의 원칙과 교육관이 필요하다는 것이다.

부부의 교육관이 서로 달라서 생기는 갈등도 흔히 있다. 그것 역시 아이에게는 부정적인 영향을 미친다. 부부가 아이 교육에 대해 서로 다른 견해를 가지고 있으면 아이는 혼란스럽다. 그러면서 아이는 어느 한쪽과만 소통하게 되고, 다른 한쪽에서는 방관하거나 상대 쪽에게 책임을 미루게 된다. 이렇게 되면 아이와 소통하는 쪽에서 아이 문제를 점점 숨기거나 공유하지 않게 되면서, 부부간 불화가 생기고 아이의 문제는 커져 버린다. 따라서 아이 교육에 대해서는 부부가 항상 열린 마음으로 함께 의논하고 공유해야 문제를 조기에 발견하여 대처할 수 있을 뿐만 아니라 해결에 이를 수 있다.

아이가 자기 인생에서 주인의식을 가지고 주도적인 삶을 살아갈 수 있도록 최선을 다해 양육하고 교육하는 것이 부모의 책임이고 의무이다. 자기 주도적인 삶이란 그럭저럭 따라가는 삶과는 다르다. 자신의 인생을 원하는 대로 설계하고 스스로 핸들링하며 이끌어 나가는 삶을 말한다. 즉, 사는 대로 생각하지 않고, 자기가 생각한 대로 살아가는 삶인 것이다.

2. 부모, 아이에게 '중요한 타인'이다

아이는 주 양육자인 부모를 통해 세상을 배워 나간다.

부모가 자식을 선택할 수 있는가? 자식이 부모를 선택할 수 있는가? 부모 자녀 사이는 선택할 수도 없고 거역할 수도 없는 천륜이다. 부모는 자기가 처한 상황을 남과 비교하지 말아야 한다. 오로지 아이를 온전한 사회인으로 양육하고 교육하겠다는 부모로서의 의무에만 최선을 다해 충실하라고 말하고 싶다. 아이는 부모의 뒷모습을 보고 자란다는 말이 있다. 부모는 늘 '내 아이가 나를 보고 배울 것이다.'라는 생각을 잊어서는 안 된다.

부모와 자식 간 갈등이나 안타까운 상황을 생각해 보자.

부모가 아이를 심하게 야단치거나, 아이가 부모를 원망하는 경우를 주변에서 가끔 보게 된다. 서로 부모와 자식 간의 인연을 부정할 수 있다면 그렇게라도 할 듯이, 신세 한탄이나 속상함을 소리 높여 말하기도 하고, 심한 말을 하며 다투기도 한다. 때때로, 다른 집 아이와 내 아이를 비교하며 어리석은 부러움을 가지는 부모가 있는가 하면, 부모를 원망하면서 다른 부모를 가진 친구를 부러워해 본 아이가 있을 수도 있다.

부모 중에는 부모의 경제력과 아이들의 성적이 상관관계가 있다는 연구 결과에 대해 놀라며, 현실을 부정하거나 체념해 버리는 부모도 있다. 경제 불평등에 대해 핏대 올려 말하는 부모가 있는가 하면, 혹여 '부모가 못나서 자식이 뒤처지지는 않을까?' 하여 자식에게 늘 죄인처럼 미안한 마음을 갖는 부모가 있을 수도 있다. 또 어떤 부모는 자신의 처지를 낙담하며 기죽기도 하고, 뒷바라지 잘 해주는 부모 밑에서 태어났더라면 자녀가 지금보다 더 잘 되었을 거라며 자식에게 미안해하기도 한다. 철없는 아이들은 안 되는 모든 것에 대한 책임을 부모 탓으로 돌리며 원망도 한다.

하지만 이것들은 다 속상해서 하는 말이거나, 어쩔 수 없어서 하는 넋두리일지도 모르겠다. 부모와 자식은 천륜, 즉 하늘이 맺어 준 관계이다. 사람이 맺은 관계라면 인연을 끊어 버릴 수도 있겠지만, 천륜은 어디 그러한가? 하늘이 부모-자식을 맺어줄 때는 다 그만한 이유가 있을 거란 생각으로 각자 서로에게 그 의무를 다하는 마음이 필요하다. 아이도 부모가 되어 보면 다 알게 될 일이므로 아이에 대해서는 차치하고, 여기서는 부모를 중심으로 이야기해 보고자 한다.

학교에 있다 보면 사춘기를 힘들게 겪는 아이들을 보곤 한다. 수업 시간에 무조건 엎드려 잠을 청하는 아이(본인의 '취미는 잠자기, 특기는 코 골기'라며 깨우지 말란다), 잠시도 집중하지 못하고 친구의 수업을 방해하는 아이, 화가 나면 친구도 선생님도 아랑곳하지 않고 소리를 지르고 욕을 하거나 학교 기물을 파손하는 아이, 친구들을 쥐 잡듯 잡는 아이, 친구나 후배를 괴롭히고 폭력을 가하는 아이, 날마다 새로운 레퍼토리로 선생님들을 당황하게 하는 아이, 생전 들어보지 못한 욕을 입에 달고 사는 아이 등 그 유형은 참으로 다양하다.

이런 아이들 중 가정과 연계 지도를 위해 어쩔 수 없이 부모님께 연락을 하거나, 부모의 내교(內校)를 요청하는 경우가 있다. 부모들과 깊이 이야기하다 보면 '부모가 무슨 죄인가?'라는 말이 저절로 나온다. 하지만 안타깝게도 부모의 책임이 전혀 없다고는 말할 수 없다. 부모가 낳았고, 부모가 길렀으며, 아이가 태어나서 그 아이 인생 중 가장 오랫동안 깊이 믿는 사람이 부모이기 때문이다. 그런데 자식 일이 어찌 부모 마음대로 되는 것이던가? 다만 부모의 영향이 크다는 것을 잘 알고 있기에 부모들의 어깨가 무거운 것이다. 그래서 자식 농사가 제일 어렵고 중요하다고 말하는가 보다.

부모는 아이에게 의미 있는 '중요한 타인'이다. 아이는 부모의 절대적 도움으로 성장해 나간다. 주 양육자인 부모를 통해 단순히 소통하는 언어로서의 말을 배우는 것뿐만 아니라, 말의 어조, 말하는 태도, 사물과 사람을 대하는 자세, 가치관, 사고방식, 예의범절, 공중도덕, 기본 생활 습관 등 사회공동체 일원으로의 역할을 습득하고 익히게 된다. 부모를 대신하여 아이의 양육을 도맡아 하는 다른 양육자가 있다면, 그가 아이에게 부모에 준하는 영향을 끼치게 되는 것이다. 아무튼, 아이는 어른을 통해 그렇게 세상을 배워 나간다. 부모의 역할이 이렇게 중요하다 보니 아이에게 있어 부모를 의미 있는 '중요한 타인'이라고 하는 것이다.

부모가 자주 사용하는 말을 어느 순간 아이의 입을 통해 듣게 될 때 갑자기 뒤통수를 한 대 얻어맞은 느낌으로 정신이 번쩍 들 때가 있지 않은가? 그래서 자식의 잘못과 마주하는 부모는 얼굴이 화끈거리고 죄인이 되는 것이다.

그러나 어느 부모가 밖에 나가서 그렇게 하라고 시키겠는가? 오히려 주변에 선한 영향력을 끼치길 바라고 모두에게 사랑받는 사람이 되길 원하지 않겠는가? 그러니 너무 기죽거나 움츠러들지 말고 부모의 역할을 묵묵히 하면 되는 것이다. 부모가 부모의 자리를 든든히 지키고 있다면, 자식은 언젠가는 제자리로 돌아온다. 그러기 위해서는 다만 조건이 있다. 부모는 자식을 절대 포기하지 말고 믿어야 한다. 그 자리에서 항상 모범을 보이며 일관성 있는 태도로 아이를 기다려야 한다.

부모라면 마땅히 가져야 할 당연한 의무를 잊지 말고 새기자. '자기 앞가림 정도는 할 수 있는 건강한 사회인으로 양육하겠다.'라는 생각 말이다. 이러한 마인드가 곧 아이의 진로 조력자로서의 마음가짐이 고, 진로코칭을 위해 필요한 자세이다. 이런 자세를 가질 때 부모는 아이 인생에 걸림돌이 아닌 디딤돌이 될 것이다. '내가 그렇게 살지 않았고, 그렇게 가르치지 않았으니, 괜찮아지겠지. 조금 늦더라도 언젠가는 바람대로 될 거야.'라며 아이를 믿고 기다리면 된다. 지켜봐 주고 믿어 주고 기다려 주는 부모의 태도를 통해 아이들은 진로를 비롯한 여러 가지 일을 스스로 결정하고, 그러면서 독립심과 책임감을 키워 나가게 되는 것이다.

3. 부모, 자신과 아이의 특성을 파악하라

내 아이가 세상과 멋지게 소통하며 살기를 원한다면,
당신과 아이의 특성을 알기 위해 노력하라.

내 아이의 특성을 파악하기 전에, 부모인 당신은 자신의 특성을 알고 있는가? 자신이 어떤 사람인지 소개하라고 한다면 자신의 흥미, 적성, 가치관, 성격 등 종합적인 자신의 특성을 잘 알고 말할 수 있겠는가? 내 아이가 '자신이 어떤 사람인지'에 대해 알고, 충분한 자기 이해를 바탕으로 멋지게 세상과 소통하기를 바란다면, 먼저 부모인 당신 자신의 특성에 대해 생각해 보라. 자신에 대한 이해가 충분히 되어 있는 부모라면, 자식에 대한 진로코칭을 잘 할 수 있는 사람이다. 내 아이가 어떤 점이 나와 비슷하고 다른지를 살펴보는 일이 아이를 조력하는 일에 참고가 될 것이다.

3-1. 부모, 다양한 학습 경험을 제공하라

부모는 아이의 흥미, 적성, 가치관, 성격 등 종합적 특성을 파악하기 위해 다양한 학습 경험의 기회를 제공하고, 아이가 경험하는 활동의 과정과 결과를 관심 있게 관찰해야 한다. 경험이 부족한 아이는 다양한 환경에 노출되었을 때, 경험이 없기 때문에 자신이 어떤 분야에 흥미나 적성이 있는지 알지 못하거나, 알더라도 한정될 수밖에 없다. 춤을 춰 보지 않으면 본인이 춤에 재능이나 흥미가 있는지 어떻게 알 수 있으며, 축구를 해 보지 않으면 축구를 잘하는지 어떻게 알 수 있겠는가?

그렇다고 무조건 여러 학원에 보내서 많은 경험을 하게 하라는 말은 아니다. 물론 그것도 하나의 방법이겠지만, 여행이나 개인 체험은 물론이고, 학교의 각종 프로그램이나 방과 후 학교 수업, 지역사회 도서관, 문화센터, 청소년수련관, 기업들의 교육 기부 등 무료로 진행하는 좋은 프로그램이 많으니 적극적으로 활용하여 아이에게 학습 경험 기회를 제공하길 권한다.

아이들은 새로운 것을 시도할 때 선뜻 행동하기보다는 대부분 주저하곤 한다. 아이에게 무엇이든 시도해 보는 용기를 길러 줄 필요가 있다. 그 용기는 부모의 태도와 관계가 있다. 아이의 호기심을 자극하라. 실수를 두려워하지 않고, 비록 실수하더라도 포기하지 않는 인내심으로 노력하기를 격려하라. 변화하는 새로운 세상을 향한 도전정신을 기르게 하고, 상황에 맞춰 대응하는 탄력적 태도를 허용하라. 새로운 기회가 있다면 기꺼이 수용하게 하고, 어떤 일이든 낙관적이고 긍정적인 자세를 가지게 하라. 예측이 어려운 불확실한 상황에도 자신 있게 도전할 수 있도록 '괜찮아'라는 말을 자주 해 보시라.

이러한 학습 경험들은 자신에게 맡겨진 과업을 성공적으로 수행하는 데 동원되는 기술인 과제접근 기술의 습득으로 이어지고, 이것은 합리적 진로 의사결정에 중요한 작용을 하게 될 것이다.

✿ 쉬어 가기

개인의 특성 이해

- **흥미** : 무엇을 좋아하는가?
- **적성** : 무엇을 잘하는가?
- **가치관** : 무엇을 중요하게 생각하는가?
- **성격** : 남과 무엇이 어떻게 다른가?

3-2. 부모, 관찰하고 질문하고 기록하라

평소 아이를 눈여겨 관찰하는 습관이 필요하다. 그 목적은 아이의 특성을 파악하고, 아이에 대한 이해를 바탕으로 격려하고 지지하기 위함이다. 아이의 말과 행동, 노는 모습, 교우관계, 어른을 대하는 태도, 학교생활 전반 등을 잘 관찰하면 아이의 강·약점이나 관심, 잘하는 것, 아이가 중요하게 생각하는 것 등의 종합적 특성을 파악하는 데 크게 도움이 될 것이다.

부모가 관찰하는 중에 여러 번 눈에 띄는 긍정적인 면을 발견했을 때는 기록해 두고, 아이가 가질 미래 직업과 연결하여 아이와 함께 그 미래 직업을 상상해 보도록 한다. 그리고 아이와 함께 그것에 대한 대화를 생활화한다. 또한 아이가 좀 더 관심을 나타내는 분야가 있다면, 심층적으로 탐색해 볼 수 있도록 안내하고 지지, 격려해 주어야 한다.

별생각 없이 그냥 아이를 키우다 보면 어느새 시간은 지나가 버리고, 아이는 훌쩍 나이를 먹게 된다. 이때 진로 조력을 하고 싶어도 부모가 아이에 대해 별로 아는 게 없다면 망막해진다.

따라서 우리 아이가 무엇을 잘하는지, 무엇을 좋아하는지, 무엇을 할 때 몰입하는지, 무엇으로 상을 받았는지, 어떤 것으로 칭찬을 들었는지 등 아이에 대한 일시적 관찰이 아닌 누적된 관찰이 필요한 것이다. 평소에는 거의 관찰을 하지 않고 관심을 보이지 않다가, 중요한 선택을 할 시기, 즉 중3이나 고3, 취업할 시기에 갑자기 조언한다고 어설피 이래라저래라 나섰다가는 아이와의 갈등만 유발할 수 있다.

아이의 행복한 삶을 바란다면, 관찰과 더불어 아이가 자신에 대해 더 많이 생각해 볼 수 있도록 해야 한다. 아이에게 자주 질문해 보라. '넌 궁극적으로 어떤 사람으로 어떻게 살고 싶니?', '뭘 하면서 살면 행복할 것 같니?', '무엇을 할 때 시간이 훌쩍 지나가는 것 같니?' 등과 같이 생각을 자극하고 뇌를 깨우는 질문을 던져 보라. 아이의 대답에서 중요한 어휘를 따라 꼬리를 물어 다시 질문하고, 대답하다 보면 그것이 곧 진로코칭이 되는 것이다. 이런 것이 반복되면 서로 간에 신뢰가 쌓이게 되고, 좀 더 중요한 시기에 깊이 있는 조언이나 조력을 할 수 있는 밑거름이 된다.

아이가 진로에 대한 도움을 요청할 때, 부모가 '네가 알아서 해라.' 또는 '하고 싶은 대로 해라.'라고 하기보다는 그동안의 관찰을 토대로 적절한 조언을 해준다면, 아이는 더욱 부모를 신뢰하게 되고 감사한 마음을 가지게 된다.

'엄마가 너를 키우면서 이런 일이 있었어.'라고 아이의 특성을 관찰한 사례를 들어 이야기해 준다면 아이와의 관계가 더욱 돈독해질 것이며, 신뢰 관계 유지에도 도움이 될 것이다. 이런 부모가 바로 아이의 진로에 디딤돌이 되는 귀한 조력을 하는 부모이다.

4. 부모, 진로 심리검사 결과지 버리지 마라

심리검사 결과지의 보이지 않는 정보를
보이는 정보로 만들고, 그 역동에 주목하라.

초등학교 고학년이 되면서부터 매년 학교에서는 진로지도, 생활지도, 학습지도, 학급경영 등에 참고 자료로 활용하고자 표준화 심리검사를 실시한다. 인성검사, 학습검사, 진로탐색검사, 흥미검사, 적성검사, 전공탐색검사 등 다양하다. 결과가 나오면 학교 진로상담실, 담임 선생님, 그리고 학생(학부모)에게 나누어진다. 학교와 가정이 연계하여 아이의 진로, 학습, 진학을 조력하고자 함이다.

심리검사를 할 때, 사전 오리엔테이션에 문제가 있었거나, 아이가 무성의하게 했다거나, 주변을 의식하여 잘 보이기 위한 조작을 하지 않았다면, 그 결과는 본인을 설명하기에 충분한 자료가 된다고 볼 수 있다. 왜냐하면 심리검사는 질문에 대해 자기가 그렇다고 답하는 방식의 자기 보고식으로 이루어지기 때문이다. 따라서 같은 검사를 여러 번 하더라도 변화를 보기 위해 모두 모아 두는 것이 필요하고, 다른 검사라면 여러 검사 결과를 조합해서 보고 숨은 정보를 찾기 위해 모아 두는 것이 필요하다.

검사 결과지에는 검사의 목적에 따라 아이의 특성이 잘 설명되어 있을 뿐 아니라, 좀 더 객관적인 자료를 보여준다. 표준화 작업이 된 검사이기 때문이다. 아이에게 적합한 추천직업과 추천학과, 학습 방법 추천, 강점과 약점의 강화 및 보완 방법 등 깨알 정보가 수록되어 있다.

아이의 진로로드맵을 설정할 때 그간의 심리검사 결과들은 훌륭한 참고 자료가 된다. 아이가 뭘 잘하는지, 뭘 좋아하는지, 어떤 성격의 아이인지, 아이의 학습 스타일은 어떠한지, 어떤 분야의 직업을 선택하면 직업 만족도가 높을 것인지 등의 자료를 보면서 부모와 아이가 함께 진로로드맵을 그린다면, 아이의 행복한 삶의 방향을 찾는 데 도움이 될 것이기 때문이다.

부모의 관찰이 부모의 입장에서 아이를 보는 것이라면, 심리검사 결과는 아이가 자신을 어떻게 생각하고 있는지를 보여주는 것이니, 서로 비교할 수 있어서 좋다. 부모의 관찰과 심리검사 결과를 비교 분석하면서 아이의 진로 찾기를 조력해야 한다. 그것이 바로 좋은 진로 코칭이다.

이러한 귀한 자료를 한 번 보고 버린다면 그야말로 안타까운 일이 될 것이다. 학교에서 가정으로 가져오는 심리검사 결과지를 버리지 말고 모아 두었다가, 중요한 시점에 아이를 위한 진로코칭 자료로 활용하길 바란다.

학교에서 단체로 실시하는 심리검사가 아니더라도, 개인적으로 여러 기관의 유료 심리검사를 이용할 수도 있다. 그런데 어떤 검사를 하면 좋을지 고민이 될 경우, 다음의 표에 있는 간편 검사를 해 보고 나서, 필요한 검사를 추천받을 수도 있으니 참고하기 바란다.

무료 간편 검사 안내

자기 이해를 위해 심리검사를 받아 보고 싶지만 어떤 검사를 해야 할지 고민스러울 때, 한국가이던스에서 제공하는 무료 간편 검사를 이용한 후, 추천하는 검사를 참고하여 필요한 심리검사를 결정할 수 있도록 자녀를 도울 수 있다. 또한 교사가 진로 문제 정의 및 상담 과정에서 같은 방법으로 활용할 수도 있다.

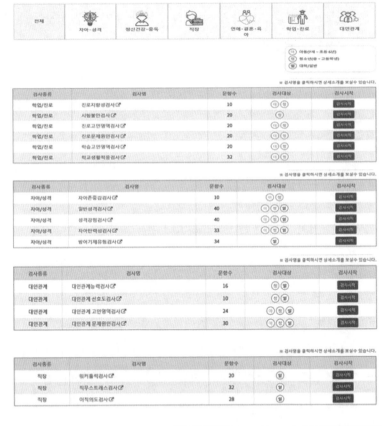

출처: 한국가이던스 www.guidance.co.kr 무료 심리검사(간편 검사)

5. 부모, 평소 아이의 의견을 물어보라

모든 아이 일의 최종 결정은 아이가 하게 하라.
그래야 원망이 없고, 책임지는 아이가 된다.

평소 아이에게 '네 생각은 어때?', '왜 그렇게 생각해?', '무엇을 도와주면 좋겠니?' 등의 말을 자주 해야 한다. 이런 질문과 대화가 아이 스스로 합리적 의사결정을 할 수 있는 힘을 길러 주게 된다.

부모의 결정대로 따르는 습관의 아이는 의존적인 의사결정을 하는 아이가 되기 쉽다. 이런 아이들은 실패할 경우, 자기의 결정이 아니니 책임지지 않으려 하고 주변을 원망하게 된다. 또한, 신중하지 못하고 무슨 일이든 기분에 따라 빠르게 결정하는 습관의 아이는, 결과에 대한 책임은 지겠지만 신중함이 모자라 선택에 대한 실수가 발생할 수도 있다. 바람직한 의사결정 방식은, 충분한 정보수집과 장·단점의 비교 분석으로 신중하게 결정하는 합리적 의사결정 방식이다.

이를 위해 평소에 선택과 결정에 관련된 의견을 자주 물어봄으로써, 어떤 생각으로 선택을 했는지, 정보 수집은 충분히 했는지, 선택지에 대한 비교 과정은 거쳤는지 등과 관련하여 아이의 의사결정 습관이나 태도를 알 수 있다. 그리고 그 과정에서 조력이 필요한 지점에 쉽게 개입할 수 있다.

조언은 하되, 아이 인생의 중요한 최종 결정은 본인이 직접 하도록 하는 것이 좋다. 그래야 아이가 자기 선택에 대해 책임을 지는 마음이 생기고 부모를 원망하지 않는다. '엄마(아빠)의 조언을 참고해서 최종 결정은 네가 해. 널 믿을게.'라고 하면 아이는 결정에 매우 신중해진다. 아이가 도움을 요청하거나, 정보수집이 미숙할 때는, 주저하지 말고 아이의 진로 선택을 조력한다. 아이 문제와 관련된 정보들은 인터넷에 넘쳐나니 두려워하지 마시라. 다만, 찾고자 하는 열의와 좋은 정보를 알아보는 안목이 전제되어야 한다.

6. 부모, 좋은 습관을 형성하게 하라

무슨 일이든 처음이 어렵지, 두 번째부터는 쉬워진다.
처음 일이 좋은 일이거든 칭찬과 격려를 아끼지 말고,
나쁜 일이거든 호된 꾸중을 아끼지 말라.

어려서부터 아이의 좋은 생활 습관과 학습 습관 형성에 애를 쓰고 있는 부모라면 이미 진로코칭을 잘하고 있는 것이다.

아무리 학습을 중요하게 강조한다고 해도, 아이와의 진짜 갈등은 아이의 생활 습관 때문에 잔소리가 누적되어 발생하는 경우가 많다. 좋은 습관은 아이의 행복한 인생을 위한 모든 것의 기본이면서 가장 중요한 부분이다. 아이가 고학년이 되어 가면서 부모는 지나간 세월을 후회하게 되는 일이 많다. '유치원 시절부터 습관을 잡아 주었더라면 얼마나 좋았을까?' 하며 말이다. 학습 습관은 말할 필요도 없고,

모든 사소한 습관도 이미 형성되고 나면 바꾸기가 매우 어렵기 때문이다.

아이가 말이 통할 정도의 나이가 되면 무엇보다도 우선 습관 형성에 애를 써야 한다. 기본 생활 습관으로는 자야 할 시간에 자고 아침에 스스로 일어나는 습관, 자기 물건을 스스로 정리하고 관리하는 습관, 잘 씻는 습관, 인사하는 습관, 바른말·고운 말을 하는 습관, 휴대폰 사용을 절제하는 습관 등 양육 및 교육 철학에 따라 여러 가지가 있을 것이다. 학습 습관으로는 계획표를 구체적으로 짜는 습관, 계획대로 실천하는 습관, 의자에 앉아 있는 습관, 공부하는 습관, 휴대폰 등 방해 요인을 다룰 줄 알고 공부하는 습관, 숙제하는 습관, 잘 노는 습관, 그리고 가장 중요한 독서 습관 등이 있다.

특히 독서 습관은 아이들의 장래를 결정짓는 큰 주춧돌이며 자원이 된다. 학교에서 진로코칭 중에 최상위권 학생들이 상급학교 진학 시 작성하는 자기소개서를 보면, 빠지지 않는 내용이 감명 깊게 읽은 책에 대한 스토리이다. 책을 통해 존경하는 인물이나 롤 모델을 찾고 진로를 결정하는 경우가 많다. 이는 독서 습관을 잘 형성해야 하는 중요한 이유이다.

학교에서 학생들이 자주 하는 말이 있다. '~부터 열심히 할 거예요.' 오늘까지만 놀고 내일부터, 다음 주부터, 다음 달부터, 내년부터, 3학년부터 등과 같이 말한다. 마음만 먹으면 다 될 것처럼 말이다.

그렇게 말하는 아이들 중에서 본인 말대로 행동에 옮기는 것을 난 잘 보지 못했다. 그 아이들이 특히 문제가 있어서가 아니라, 사실 이것은 누구에게나 어려운 일이다. 말대로 그렇게 쉽게 행동할 수 있다면, 삶을 걱정할 필요가 없지 않겠는가? 공부를 못하고 싶어서 못하는 사람은 아무도 없다. 누구나 다 잘하고 싶어 한다. 하지만 그게 그리 쉽지가 않다. 왜 그렇겠는가? 몸에 배어 버린 익숙한 행동, 즉 습관은 쉽게 바꾸기 어렵기 때문이다.

마음 같아서는 열심히 하고 싶지만, 습관으로 굳어 버린 사고나 행동이 새로운 시도를 방해하고, 이미 뇌에서는 쉽고 편한 쪽을 선택해 버린다. 그래서 어려서부터의 습관 형성이 중요하다고 말하는 것이다.

이렇게 굳어 버린 습관을 바꾸기는 힘들지만, 그렇다고 절대 바꿀 수 없는 것은 아니다. 삶이 전환될 정도의 사건 또는 계기가 있거나, 그러한 수준의 사람들 속으로 들어가 교류하게 되면 습관의 변화를 가져올 수도 있다. 여기서 우선은 본인의 의지로 자기의 습관을 바꿀 수 있다는 '생각'이 있어야 하고, 다음은 바꾸겠다는 '결심'이 서야 하며, 마지막으로는 '실천'이 필요하다. 그 책임은 우리 자신에게 있다. 스스로 보기에 꼭 바꾸어야 할 습관이라 여겨지면, 본인의 습관에 대해 깊이 연구하고, 반복되는 행동의 연결 고리를 끊어내는 것이 필요하다.

아이의 습관에 문제가 있어 바꾸는 데 도움을 주고자 하는 부모라면, 아이의 생각, 결심, 실천 중 어느 부분에서 조력이 절실한지를 생각해 보아야 한다.

7. 부모, 진로/진학 사이트와 친해져라

의미 없이 이것저것 검색하지 말고,
도움 되는 사이트를 여기저기 방문하라.

일상생활 중 궁금한 것이 생기면 대부분 인터넷부터 접속하곤 한다. 스마트폰은 이제 모두의 필수품이 되었고, 인터넷은 전 세계의 경계를 허문 지 이미 오래되었다. 인터넷은 각종 정보가 넘쳐나고, 궁금증을 실시간으로 해결하기에 충분한 사이버 공간이다. 아이의 진로/진학에 대해 온라인을 통한 도움을 받고자 한다면, 그와 관련하여 공신력 있는 몇 개의 사이트와 친해질 필요가 있다.

물론, 아이 교육에 신경 좀 쓴다는 부모들은 진로/진학 사이트, 카페, 밴드, SNS 등등을 이미 다양하게 활용하고 있을 것이다. 또 비슷한 또래의 아이를 둔 엄마들의 모임을 통해 고민과 정보를 공유하면서 도움을 받고 있는 경우도 많다. 정보력이 훌륭하고 그 정보를 잘 활용하고 있다면, 계속 유용하게 사용하시라 말하고 싶다. 다만, 여기서의 내용은 그렇지 못한 분들을 위한 조언이다.

부모는 아이 학년에 맞는 수준을 갖추어야 한다. 예를 들어, 아이 또는 교사와 부모가 학교생활이나 진로/진학/입시 등의 주제로 대화를 한나고 가성해 보자. 이때 적어도 대화에 방해될 정도로 모르는 용어는 없어야 한다. 아이에 관련된 지식이 있어야 아이나 교사에게도 핵심 질문을 할 수 있고, 정보의 정확성도 판단할 수 있다. 학습과 진학에 관련해서는 현재 우리 아이가 무슨 과목을 배우는지, 아이가 다니는 학교는 어떤 특색 있는 프로그램을 운영하고 있는지, 아이의 또래들은 어떤 고민을 하는지 등에 대해, 관심만이 아니라 그 내용까지 아는 것이 필요하다.

학교에서 아이의 성적표를 보내왔을 때, 과연 잘 읽어 내고 숨어 있는 정보까지 찾아낼 수 있는가? 대부분의 부모들은 읽어 보기는 해도 뭔가 명쾌하지 않아서 이해를 잘 못하거나, 좀 답답하게 느낄 수도 있다. 성적표를 훑어본 후 스스로 독백할지 모른다. '그래서 우리 아이는 공부를 잘한다는 거야, 못한다는 거야?', '우리 아이는 몇 등이라는 거야?'

부모들의 학창 시절 성적표는 단순명료했다. 점수와 석차가 나와 있으니 간단히 이해하고 수준을 짐작하기 쉬웠다. 하지만 지금은 학생들의 성적표가 예전과 너무 달라졌다. 자세히 보아도 어렵고, 관련 정보나 용어 정도는 알아야 이해가 가능한 수준이다.

학교 생활기록부(이하 학생부)는 또 어떠한가? 대학입시에 학생부가 정말 중요하다고 듣긴 들었는데, 어떤 항목이 있으며, 그중 좀 더 중요한 항목은 무엇인지, 어떻게 기록해야 아이에게 도움이 되는지 어려울 뿐이다. 이렇듯 부모가 알고 있어야 학교생활 진로/진학 코칭이 가능한 것이다. 아래 사이트는 학습 및 진학과 관련된 정보를 찾아볼 수 있는 사이트이니 유용하게 활용하기를 권한다.

| 진학(고입, 대입) 관련 사이트 안내 |

사이트(URL)	서비스 내용
대입정보포털 www.adiga.kr	진로정보, 대학/학과/전형, 대입정보센터, 학과정보, 대입상담, 성적분석
고입정보포털 www.hischool.go.kr	고교 입시정보, 시·도별 학교정보, 자기주도학습 전형 안내
하이파이브 www.hifive.go.kr	특성화고, 마이스터고 포털, 학교 검색
한국대학교육협의회 www.kcue.or.kr	대입 지원정보, 대입 전형정보, 대입상담
대학알리미 academyinfo.go.k	대학의 주요정보 조회, 대학정보 공시, 통합 비교 검색, 대학별 검색, 주요 지표 검색, 학과 사전
학교알리미 www.schoolinfo.go.kr	초중고 학교정보 공시
서울진로진학정보센터 www.jinhak.or.kr	대학 진학정보, 고교 진학정보, 진로정보, 학교 모집 요강, 진로검사, 온라인상담
전국 각 시도교육청 진로진학정보(지원)센터	진로정보, 고교 진학정보, 대학 진학정보
한국교육과정평가원 www.kice.re.kr	대학수학능력시험, 검정고시, 교원 임용고사 주관
EBS교육방송 www.ebs.co.kr	직업(공무원, 자격증 등) 및 교육 관련 방송 다시 보기

8. 부모, 직업 세계를 이해하라

아이에게 딱 맞는 직업이 궁금한가?
아이의 행복한 삶을 원하는가?
직업의 변화와 전망을 알아야 한다.

아이는 언제쯤 독립할 수 있을까? 부모가 말하는 진정한 독립이란 무엇인가? 일반적인 물리적 독립은 기본이고, 경제적 독립까지 이루어져야 한다. 그래야 '진짜 독립했다'고 말할 수 있다. 그것은 아이가 최종적으로 직업을 가져야만 가능하다.

자식들을 다 키운 부모를 생각해 보자. 그 부모는 아이의 학창 시절에 고입, 대입 등 진학에 모든 것을 걸었고, 그로 인해 파생된 갈등은 또 얼마나 많았는가? 그 시절에는 그것이 제일 중요한 줄 알았으니 그랬을 것이다. 지나 보면 아무것도 아니었음을 알게 되는데도 말이다. 대학 보내고 나면 다 키웠으니 이제 걱정이 없을 줄 알았을 것이다. 하지만 웬걸? 더 중요한 취업이 앞을 가로막는다. 돌이켜 보면 아무것도 아닌 것이었는데 왜 그리도 아이를 압박하고 밀어붙였나 싶기도 할지 모른다. 진짜 중요한 것은 취업인 것을…. 그래서 학교 교육의 본질은 진로 교육이라 말하고 싶다. 스스로 온전한 사회인이 될 수 있는 역량을 기르는 교육 말이다.

부모나 교사의 진로코칭은 아이의 행복한 인생을 위한 커뮤니케이션이고, 온전한 사회인으로 설 수 있게 하는 중요한 조력임을 잊지 말아야 한다. 그렇다면 자신은 진로나 직업 분야와 관련해서 코칭이 가능한 정도의 수준인지 스스로 질문해 보라. 아이의 진로로드맵은 무엇을 중심으로 도와야 삶의 만족도가 높을 것인지, 작성하는 방법은 아는지, 아이의 미래 직업에 대한 적절한 조력이 가능한지, 모른다면 누구에게 또는 어디에서 어떻게 도움을 받을 수 있는지 등을 생각해 보아야 한다.

변화하는 노동시장과 직업 세계의 이해에 대해 대강의 흐름은 알고 있어야 한다. 직업 전반을 코칭하기 위해서는 어떤 직업에 대해 무슨 일을 하는 것인지, 미래 전망은 어떠한지, 어떤 경로를 통해 입직하게 되는지, 관련 자격은 무엇이 있는지 등의 직업정보를 알아야 한다. 그렇다고 이런 지식을 모두 암기하고 있을 필요는 없다. 필요한 정보가 어디에 있는지, 어떻게 활용할 것인지를 아는 것이 더 중요하다.

부모 스스로 무엇을 알고 무엇을 모르는지를 살핀 후, 모르는 부분은 해당 사이트를 통해 정보를 수집하고, 적극 활용하도록 권한다. 다만, 정보의 정확성을 판단하기 위해 믿을 만한 사이트를 정해 놓는 것이 필요하다. 그곳의 정보를 필요할 때만 찾기보다는, 정기적으로 사이트를 방문하여 꾸준히 검색하고 읽어 본다면, 아이의 진로/진학 코칭에 큰 도움이 될 것이다.

아래는 직업정보와 관련된 사이트이다. 미래 직업 전망과 창직, 이색직업, 직업인 인터뷰 등 직업에 관해 궁금한 부분들의 정보 탐색에 활용하기를 권한다.

| 진로/직업 관련 사이트 안내 |

사이트(URL)	서비스 내용
진로정보망 커리어넷 www.career.go.kr	진로 심리검사, 직업정보, 진로상담, 학과정보, 진로 교육 자료
워크넷 www.work.go.kr	직업 심리검사, 직업/진로 직업정보, 채용정보
큐넷(Q-Net) www.q-net.or.kr	한국산업인력공단의 자격정보 시스템, 국가(기술)자격, 공인 민간자격정보 및 시험정보
청소년사이버상담센터 www.cyber1388.kr:447	365일 24시간 청소년 무료상담 (친구 문제, 진로, 학교폭력, 우울, 가출 등)
HRD-Net www.hrd.go.kr	고용노동부직업정보훈련정보망 직업훈련정보, 일자리, 구직정보, 정부지원 제도 검색
영삼성 www.youngsamsung.com	20대와 삼성전자를 연결하는 커뮤니케이션 브랜드
한국직업방송 www.worktv.or.kr	고용노동부와 한국산업인력공단이 운영하는 TV 채널
EBS교육방송 www.ebs.co.kr	직업(공무원, 자격증 등) 및 교육 관련 방송 다시 보기

3장

진로코칭을 위한 교사의 마인드셋

1. 시대는 새로운 관점의 교사를 원한다

시대는 교사들에게 지식 전달자를 넘어서
'학생의 온전한 사회인 되기' 프로젝트에
수평적 파트너를 원한다.

아이가 사회공동체의 일원으로서 행복한 삶을 살 수 있도록 양육하고 교육할 책임이 부모에게 있다고 말한 바 있다. 또한 부모는 아이의 성장에 영향을 미치는 존재로서 아이에게 의미 있는 '중요한 타인'이라고 주장했다.

교사 역시 부모와 조금도 다를 바 없다. 부모의 역할이 충분한 가정의 아이라면, 교사의 손길이 좀 덜 필요할 수 있을지도 모른다. 하지만 그 반대의 경우라면, 교사는 부모 이상으로 아이에게 좋은 어른의 역할을 해 주어야만 할 것이다. 무슨 과목을 가르치는지, 또는 어떤 인연으로 학생과 만났는지는 그리 중요하지 않다. 교사는 궁극적으로 학생이 자신의 행복한 삶을 설계하고 영위하며, 온전한 사회인이 되도록 교육하는 것이다.

결국, 학교 교육의 목표는 진로 교육이다. 여기서 교사의 의무는 중요한 진로 조력자이며, 그 역할을 현(現)시대가 강하게 요구한다고 볼 수 있다. 다시 말하면, 초·중·고·대학교 생활을 하는 가운데 학생들이 사회에서 필요한 모든 것을 배우게 하고 준비시킴으로, 졸업 후에는 본인의 역량을 발휘할 수 있는 곳이 어디인지 스스로 찾아갈 수 있도록 해야 한다. 즉, 학교에서 일터로 잘 연결될 수 있어야 한다는 말이다. 그러면서 아이는 개인의 가치와 사회의 가치를 동시에 실현해 나가는 성숙한 민주시민이 되어 가는 것이다.

교사들은 교사가 열심히 가르치면 당연히 학생들이 열심히 배울 것이라는 함정에 빠져 있다. 그래서 연구활동에 매진하고, 또 정말 최선을 다해 열정적으로 가르친다. 그것은 당연하면서도 한편으론 안타까운 일이다. 훌륭한 교육자는 충분히 교재 연구를 해서, 수업 시간에 목이 터지게 열심히 설명하고 가르치는 사람이라고 생각했었다. 필자뿐만 아니라 대부분 교사들이 그렇게 생각할 것이다. 그것은 교사 중심, 가르치는 것 중심의 관점으로 보면 그렇다.

하지만 초점을 학생에게로 돌려, 다른 관점에서 질문해 보자. 교사의 열성적인 설명(가르침)을 학생들은 진정으로 좋아하며 열심히 듣고 배우는가? 그 지식이 교사를 통해서만 습득 가능한 것인가? 그것이 학생들이 바라는 삶에 얼마나 효과적인가? 그보다 더 효율적인 방법은 없는 것인가?

이러한 질문들을 통해 다시 '가르침과 배움'에 대해 생각해 볼 필요가 있다. 우리는 지금 전 세계가 실시간으로 연결된 사회에 살고 있으며, 앞으로는 사람과 사람, 사람과 사물, 사물과 사물이 인터넷망으로 더 촘촘히 연결되는 초연결 사회에 살게 될 것이다. 사이버 공간에서는 이미 국가의 경계가 무너진 지 오래임을 우리는 잘 알고 있다. 따라서 진로 교육의 화두는, 불확실하고 급변하는 4차 산업혁명 시대를 대비한 미래 교육이 대세이다

이제 열심히 가르치는 교사가 훌륭한 교사라는 환상(幻想)에서 벗어나야 한다. 진정 멋진 교사가 되고 싶다면 학생이 자신의 행복한 인생을 설계할 수 있도록 돕고, 조력이 필요한 시점을 찾아 그 지점에서 적절한 개입으로 안내하며 더불어 촉진하는 활동까지 해야 한다. 학생 인생의 성장과 발전을 위한 파트너로서 코칭하는 교사가 되어 보자. 자기 과목과 관련된 필요한 진로 정보를 어디에서 어떻게 찾을 수 있는지 안내하고, 탐색활동을 통해 학생 발달 과정에 맞는 과업을 스스로 달성할 수 있도록 코치, 멘토, 컨설턴트 역할을 하는 것이 필요하다.

교육의 패러다임이 바뀌고 있다. 티칭의 시대에서 코칭의 시대가 된 것이다. 교사를 통해서만 지식을 전달하고, 교사의 머릿속이 곧 교과서요, 참고서요, 지식이 보고인 시대는 이미 지났다. 인공지능, 빅데이터, 로봇, 사물인터넷 등이 화두가 되는 4차 산업혁명을 대비하고 있는 시대에, 교사가 가진 그 지식은 교사의 알량한 자존심이 되어

버렸다고 해도 과언이 아니다. 이 시대의 모든 교사는 이제 단순한 지식 전달자를 넘어서 '학생의 온전한 사회인 되기'를 함께 고민하고 수평적 파트너인 진로 코치로 자리매김해야 한다. 이것이 바로 시대가 원하고 있는 교사의 모습이다.

정리하면, 학생들이 살아갈 미래 사회의 특징은 '변화'와 '불확실'이다. 즉, 미래 사회는 예측하기 어렵다는 것이다. 그러므로 변화에 대비하여 준비하고 적응해 나가는 유연성이 필요하다고 할 수 있다. 이를 바탕으로 도전하고, 넘어지면 다시 일어나는 진로탄력성을 갖도록 해야 한다. 이를 위해서는 지금까지와는 다른 접근이 요구된다. 교사가 열심히 가르치는 것(티칭)을 소중히 여기던 자리에서, 이제는 코칭이 가능한 수평적 파트너(코치)인 조력자의 마인드로 시각 전환이 필요한 것이다. 이는 어쩔 수 없는 시대적 소명이라 할 것이다. 다음은 코칭하는 교사로서의 마인드를 자세히 알아본다.

2. 교사, 코칭을 위한 신뢰 관계가 우선이다

교사에 대한 학생의 신뢰는,
학생에 대한 진정성과 교과의 전문성에서 형성된다.

학교에서 보면 어떤 교사는 유난히 학생들과 자주 마찰을 빚거나 오해가 발생하고, 또 반대로 어떤 교사는 학생들과 끈끈한 신뢰 관계를 형성하고 있는 모습을 볼 수 있다.

교사와 학생 간 신뢰 관계는 어떻게 만들어지는 것인가? 학생에 대한 열정과 애정이 담긴 진정성과 전문성이 신뢰를 형성한다고 본다. 당근과 채찍을 적절히 사용하면서, 아이들을 진심으로 대한다면, 학생들은 교사의 진정성을 알아본다. 원칙 있는 교사로 선입견과 차별 없이 학생을 대하고, 오로지 학생이 잘되기만을 바라는 지속적인 애정과 관심이야말로 학생으로 하여금 교사를 믿고 따르게 하는 것이다.

다른 측면의 신뢰는 교사의 전문성에서 온다. 교사들은 모두 자기 과목에 대한 전문가이다. 하지만 전문성을 갖춘 교사라는 것은 전문성에 대한 지속적 발전이 전제될 때의 말이다. 이는 시대 변화에 부응하는 부단한 개인적 연찬(研鑽)이 필요함을 말한다. 그렇게 하지 않는다면 가지고 있던 전문성은 담보할 수 없으며, 스스로도 당당하지 못하게 될 뿐 아니라, 그 전문성마저 정체되고 말 것이다. 이러한 상황의 지속은 학생과의 신뢰 형성을 저해할 수 있다.

교육, 학교, 교사 관련 뉴스들을 통해 가끔 접하는 것처럼, 교권 추락으로 인해 교사의 자부심과 자존감에 어려움이 있는 것이 현실이다. 하지만 필자의 눈에 보이는 교사들은 사명감과 소명의식으로 가득한, 천생 '교사'일 수밖에 없는 사람들이 대부분이다. 미국의 심리학자 Holland에 의하면, 교사를 택한 사람들은 비슷한 성격 특성을 가졌기 때문이다.

바람에 흔들리지 않고 아이들을 사랑하며, 최선을 다해 가르치고, 꿋꿋이 정도(正道)를 지키는 동료들을 보면 참 존경스럽다. 이러한 홀룡한 교사들이 이제는 진로 코치로 거듭나야 한다. 모든 교사가 교직에서 만난 학생의 삶에 '터닝 포인트'를 만들겠다는 생각만 있으면 된다. 이제 동료 교사들에게 감히 그렇게 해 보자고 권해 본다. 단 한 명이라도 그런 학생을 만들고 퇴임하게 된다면, 그간 교단에서 보였던 열정들이 열매를 맺게 될 것이고, 그 열매에서 나온 씨앗들이 다시 미래 사회에 뿌려질 것이다. 이것이야말로 교사로서 단순히 가르치는 것을 넘어서, 사회에 선한 영향력을 끼치는 한 차원 높은 환원이라 생각한다. 이렇게 교사가 확고한 열정과 노력을 보일 때, 학생들은 그 교사를 신뢰하고 본받을 뿐만 아니라, 장래 교사를 꿈꾸는 학생들이라면 자신의 롤 모델로 삼게 될 것이다.

3. 교사, 학생의 자아존중감과 자아효능감을 증진하라

자기를 사랑하는 사람은 자기 인생도 사랑할 줄 알고,
자신감이 있는 사람은 무엇이든 시도하기를 두려워하지 않는다.

이 세상에는 장점만 있는 사람도 없고, 단점만 있는 사람도 없다. 누구에게나 장점과 단점이 함께 존재한다. 단지, 사고의 관점이나 상황에 따라서 그것이 장점이 되기도 하고 단점이 되기도 할 뿐이다.

조용한 성격을 가진 두 사람이 있다고 가정해 보자. 한 사람은 자신이 생각이 깊고 신중하다고 표현하며, '조용함'을 자신의 장점으로 보는가 하면, 다른 사람은 자신이 말이 없고 사교성이 부족하다고 표현하며, 자신의 조용함을 단점으로 보기도 한다.

또한 같은 내용이더라도 때에 따라서는 장점이 단점이 되기도 하고, 거꾸로 단점이 장점이 되기도 한다. 예를 들어, 수업 시간에는 조용한 성격이 주변을 방해하지 않고 공부에 집중할 수 있게 하여 장점으로 보일 수 있으나, 오락 시간이나 신체활동을 할 때는 단점으로 작용할 수도 있다. 이처럼 보는 관점이나 상황에 따라 장점과 단점이 달라질 수 있기 때문에, 장점이 많다고 우쭐댈 필요도 없고, 자신의 단점만 보면서 우울해할 것도 아니다.

중요한 것은 장점이나 단점 모두가 '자기 자신'이므로, 그것을 온전히 받아들이고 '있는 그대로의 나'를 사랑하며, 스스로를 존중하는 자세가 필요하다. 있는 그대로의 자신을 발견하고 이해할 수 있게 되면, 자기가 처한 상황에서 보다 효율적인 판단과 선택이 가능해진다. 그러므로 학생이 자신의 생각, 감정을 자각하고, 자신의 필요와 욕구를 인식하여 충족시키며, 자신의 강점과 약점, 흥미, 적성, 포부 등을 수용할 수 있도록 도와줄 필요가 있다(연문희, 강진령, 2002).

'있는 그대로의 나'를 받아들이는 마음을 가진 사람을 우리는 자아존중감(자존감)이 높은 사람이라고 말한다. 자존감은 자신에 대한 긍정적인 마인드로, 자기 가치에 대한 믿음이다. 상황에 따라 변하거나 요동치는 것이 아니라, 한결같이 자신을 믿고 존중하는 마음이다. 자존감은 자신에 대한 사랑과 존중을 바탕으로 하기 때문에 자신을 용서하고 인정할 줄 알며, 어려움 속에서도 포기하지 않고 자기 발전을 위해 새로운 도전을 할 수 있는 자기 성장의 근원이다.

따라서 학생들에게 이러한 자존감을 갖게 하는 것이 그 무엇보다 중요하다. 자존감이 있는 학생이라면, 스스로 원하는 곳으로 갈 수 있는 힘이 있기 때문이다. 훈화, 상담, 코칭 그 무엇이든 다양한 활동과 기법으로 끊임없이 학생 성장에 개입해야 한다. 또한 같은 맥락에서, 내가 나를 소중하게 대하듯, 타인에 대해서도 마찬가지 생각을 갖게 해야 한다. 학생들에게 자신을 소중히 여기는 것처럼, 타인을 대할 때도 소중한 태도로 귀하게 대하는 것이 당연함을 인식시켜야 한다.

자기와 타인을 귀하게 대하는 태도는 코칭 철학과 맥을 같이 한다. 코칭에서의 인간관은, 각 개인은 세상에서 유일한 존재이면서 귀한 존재로, 그 안에 무한한 잠재 가능성이 있음을 전제한다. 따라서 교사(코치)는 학생이 자신을 사랑하는 마음으로 자기 안의 긍정 에너지와 만날 수 있도록 돕고 촉진해야 한다. 즉, 자신이 무의식적으로 정해 놓은 한계선을 스스로 제거하고 잠재 가능성을 발휘할 수 있도록 적극적 조력이 필요하다는 것이다.

자기효능감은 자신의 효능(능력)을 믿는 것으로, '무엇을 해낼 수 있다는 자신감'이다. 자신감은 목표나 실행에 영향을 미친다. 자신감이 높은 사람은 자신이 성취하고자 하는 기대목표를 과감히 설정하고, 그것을 위한 행동을 시도할 수 있다. 걱정과 망설임으로 시도를 하지 못하고 두려워하는 사람은 항상 그 자리에 정체되어 있을 수밖에 없다. 실패이든 성공이든, 고민과 생각만으로는 안 된다. "구슬이 서 말이라도 꿰어야 보배"라는 속담이 있듯이, 어찌 되었든 실행을 해야 한다. 이렇듯 시도하게 하는 힘이 곧 자아효능감(자신감)이다.

자아효능감은 어떻게 만들어지는가? Bandura의 사회학습이론에 의하면, 자아효능감은 성공 경험에서 나온다고 한다. 따라서 계획을 세울 때는 구체적이면서도 세부적으로 나누어 성공할 가능성이 있도록 해야 한다. 이를 실행하여 성공을 경험하도록 하고, 그로 인해 스스로 성취감을 느낄 수 있도록 관심을 가지고 조력해야 한다.

이러한 성공의 경험이 누적되며, 어렸을 때부터 주변의 칭찬과 인정을 받고 자란 학생은 자신감이 넘친다. 가정에서 부모의 칭찬도 중요하지만, 학교라는 사회에서 권위를 가진 교사로부터의 칭찬은 학생에게 말할 수 없는 자신감을 심어 주게 된다. 이것이 학생의 작은 성취라도 놓치지 않고 발견하여 칭찬하고, 그 과정을 인정하며 격려해야 할 이유이다. 이런 경험의 누적이 성공 경험이 되고, 이 성공 경험은 자아효능감에 영향을 주며, 자아효능감은 학생의 진로 목표를 향한 실행에 큰 영향을 주게 된다. 그러므로 교사는 학생의 자아존중감과 자아효능감의 증진을 위해 노력을 기울여야 한다.

☼ 쉬어 가기

자존감, 자존심, 자신감

- **자존감** : 자기 자신에 대한 긍정적인 마인드, 자기 가치에 대한 믿음, 한결같이 자신을 믿고 존중하는 마음.
- **자존심** : 남에게 굽히지 아니하고 자신의 품위를 스스로 지키는 마음.
- **자신감** : 자신의 효능(능력)에 대한 것으로, 무엇을 해낼 수 있다는 믿음

★ 사회인지 진로이론

- 자기효능감이 흥미, 능력, 가치에 영향을 미쳐 진로 선택에 핵심적인 역할을 한다고 본다.
- 자기효능감은 실제 측정되는 능력과 다를 수 있으며, 실제 능력과 수행에 매개 역할을 한다.
- 어떤 과제를 수행하기 위해서는 그에 맞는 능력과 함께 자신의 능력에 대한 믿음이 필요하다(이재창 외, 2014).

★ Bandura의 사회학습이론

- 학습 경험(관찰, 경험)이 성격에 영향을 준다.
- 학습 경험(관찰, 경험)이 사고, 심상, 행동, 인지구조, 지각 시스템에 영향을 준다.
- 인지구조, 지각 시스템은 개인적 요인, 환경, 행동에 영향을 준다.
- 개인적 요인, 환경, 행동은 상호작용하며, 자신과 세계에 대한 일반화를 형성한다.
- 신념은 개인의 포부와 행동에 영향을 준다(이재창 외, 2014).

★ Krumboltz의 진로 사회학습이론

- 사회학습이론을 진로에 적용하여 진로 의사결정 방법에 관한 이론으로 발전시켰다.
- 개인이 유전적 요인, 환경적 요인, 학습 경험, 과제접근 기술 4가지 요인으로 특정한 직업과 전공을 선택한다고 본다.
- 학습 경험은 진로 선호도를 결정한다.
- 과제접근 기술은 다양한 상황에 대한 문제해결과 자신에게 맡겨진 과업의 성공적 수행을 위해 동원되는 기술이다.
- 학습 경험과 과제접근 기술을 강조하였다(이재창 외, 2014).

4. 교사, 학생의 진로 성숙을 조력하라

성적이 높은 사람은 학창 시절에 돋보이고,
진로 성숙이 높은 사람은 인생이 돋보인다.

Super(1965)는 진로를 발달의 개념으로 보고, 발달 단계별 과업이 있다고 하면서 청소년기 발달을 자아개념의 성숙 과정이라 하였다. 청소년기(15~24세)는 탐색기로, 이 시기의 진로 발달 과업은 진로에 대한 구체적인 탐색을 통해 상급학교나 구직을 위한 의사결정을 하는 것이라고 보았다. 즉, '나는 누구인가?'와, '세상은 무엇인가?'에 대한 지각이 '나는 무엇을 할 것인가?'를 결정하게 된다는 것이다. 무엇을 할 것인지의 의사결정 단계 이전에 자신은 누구이고, 세상은 무엇인지를 알게 하는 데 있어 교사의 개입이 필요하다.

교사라면 한 번쯤 혼잣말로 고민하며 생각해 본 경험이 있을 것이다. "이 아이를 어쩌지?", "넌 뭘 하며 살아야 행복할까?", "어떤 능력을 길러 주어야 이 험한 세상에서 네가 살아갈 수 있을까?" 모두 학생의 진로를 고민하는 내용이다.

학교라는 사회는 공부를 잘하는 아이가 돋보일 수밖에 없는 환경이다. 미국의 심리학자인 Holland 식으로 말하자면, 학교라는 곳이 탐구형(I) 환경이다 보니, 탐구형(I)인 사람이 그 환경을 지배한다고 볼 수 있다. 하지만 학교를 졸업한 이후 개인이 맞닥뜨리는 사회라는 곳은 만만치 않은 환경이다. 자기 주도적으로 자신의 삶을 만들어 나가야 하고, 직업을 찾아서 선택하며, 적응해 나가야 하는 역량을 필요로 한다. 때로는 서로 경쟁하고, 다른 한편으로는 협력하는 능력을 동시에 요구하는 것이다. 즉, 다양한 환경에서 그에 필요한 여러 가지 역량을 요구하는 셈이다.

이런 관점에서 본다면, 학교에서 성적만을 강조하는 것이야말로 얼마나 어설픈 진로지도인지 모른다. 모두가 다 공부를 잘할 수도 없고, 모두가 성적으로 직업을 선택하는 것도 아니기 때문이다. 그런데 왜 성적만을 강조해야 하는가? 개인이 좋아하고 잘할 수 있는 것을 찾게 하고, 자기가 관심 있는 분야를 공부하는 열정을 가지게 하는 것이 훨씬 더 필요하고 중요하다.

졸업한 제자가 성공해서 갑자기 찾아오는 일이 있다. 기억을 더듬어 보면 그 학생이 학교 때 '그렇게 공부를 잘하지는 못했는데 어떻게 저렇게 성공했을까?'라며 고개를 갸우뚱하게 되는 경우가 있다. 그 학생은 성적은 그다지 뛰어나지 않았지만, 분명히 진로 성숙도가 높은 학생이었을 것이다. 주변에서도 이런 사례는 많이 볼 수 있다. '옆집 아이는 학교 때 우리 아이보다 공부를 못했는데, 저런 것을 어떻게 알았을까?' 하는 경우가 여기에 해당된다. 반대로 학교 때 정말 성실하게 공부도 잘했던 아이가 졸업 후에 진로 선택으로 고민하거나, 여러 번의 이직을 한다거나, 또는 원하는 직업에 입직하지 못하고 어려움을 겪는 경우도 볼 수 있다. 모두가 진로 성숙에 원인이 있으며, 진로 성숙도의 차이에서 발생하는 문제이다.

따라서 교사는 이제 성적보다는 그 아이의 특성에 맞는 진로를 계획하고, 차근차근 준비해 나갈 수 있도록 진로 성숙을 돕고, 진로 성숙도를 높일 수 있는 활동에 주목해야 한다.

📖 **교사를 위한 이론 플러스**

★ Super 진로 발달이론

▷ Super(1990)는 진로에 대해, "진로란 한 개인의 생애 과정으로, 개인은 일생동안 일련의 발달 과업에 직면하고, 그 과정에서 자신이 되고자 하는 모습으로 과업을 수행한다."고 하였다.
▷ Super가 말하는 진로 발달이란, 자아개념의 발달을 의미한다.
▷ 자아개념은 개인의 생물학적 특성, 사회적 역할, 타인의 평가가 조합된 것이다.
▷ 자기가 어떤 사람인지의 개인적 요인과, 환경을 어떤 시각으로 보는지에 대한 환경적 요인이 복합적으로 상호작용한다.
▷ 자아개념은 생애 단계를 거치면서 계속 변화하며, 개인은 자아개념에 바탕을 둔 의사결정을 하게 된다.
▷ 의사결정은 생애의 어떤 역할수행으로 표출되며, 다시 자아개념의 재형성에 영향을 미친다.
▷ Super는 생애 단계를 성장기(출생~14세), 탐색기(15~24세), 확립기(25~44세), 유지기(45~65세), 쇠퇴기(65세 이상~)로 구분하였다(임은미 외, 2017).

발달 단계	발달 과업(자아개념의 발달)
성장기(출생~14세)	가정, 학교에서 주요 인물과 동일시함으로써 좋아하는 것, 잘하는 것 등 일과 관련된 기본적인 자기 이해를 성장시키는 것
탐색기(15~24세)	진로에 대한 구체적인 탐색을 통해 상급학교나 구직을 위한 의사결정을 하는 것
확립기(25~44세)	직업을 가지고 개인의 내부와 외부 세계 사이의 연결을 효과적으로 하면서, 자신의 직업이나 지위를 안정적으로 유지하며, 직업 속에서 자신의 역할과 정체성 확장 등 자신의 일을 확립해 나가는 것
유지기(45~65세)	기존의 상태를 유지하면서 변화에 대한 적응을 위해 새로운 것을 배우고, 전문성을 향상시키며, 유지 단계에 대한 의미를 확장하는 것
쇠퇴기(65세 이상~)	자신이 맡은 일에 대한 책임을 서서히 줄여 가며 인생 후반기를 생각하고, 은퇴로 생겨난 자유 시간의 활용 계획을 세우는 것

4-1. 교사, 학생 자신의 특성을 알도록 조력하라

삶이란 '나와 세상의 상호작용'으로, 나와 세상과의 소통 과정이라 할 수 있다. 먼저 자신이 어떤 사람인지를 잘 알아야 소통할 준비가 되는 것이므로, 교사는 학생이 자신의 종합적 특성을 이해하도록 조력해야 한다. 자신을 아는 방법은, 평소 자기관찰이나 타인과의 대화를 통해서도 가능하고, 객관적인 심리검사 해석을 통해서도 알 수 있다. 스스로 자기 자신을 관찰하게 하고 성찰하는 습관을 갖도록 하며, 활동을 통해 친구들의 시각으로 자신이 보지 못하는 부분을 보게 함으로써 자신이 보는 자신과 비교해 보도록 할 필요가 있다.

자신이 무엇을 좋아하고, 무엇을 잘할 수 있으며, 어떤 것에 가치를 두는지, 남들과 다른 어떤 성격적 특징이 있는지, 특성에 맞는 효율적인 학습 방법은 무엇인지, 강점을 활성화하고 단점을 보완하는 방법은 어떤 것이 있는지 등을 구체화하도록 돕는다. 이러한 충분한 자기 정보는 진로 선택과 의사결정을 하는 데 작용하게 된다.

학교에서 실시하는 표준화 심리검사 결과를 그냥 학생에게 나누어 주는 것은 곤란하다. 반드시 프로파일 해석활동 및 개인 상담을 통해 학생이 자기의 검사 결과를 충분히 인지하고 난 후, 가정으로 가져가도록 해야 한다. 이러한 과정을 통해 좀 더 객관적인 자신의 모습을 알게 하고, 자기 이해를 도울 수 있다. 그뿐 아니라 추천 직업, 학과, 자신에게 적합한 학습 방법 등 진로와 학습에 관련하여 학생의 성장과 발전을 위한 참고 자료로 활용하면 좋다.

★ 특성-요인이론

▶ Parsons(1909)로부터 시작되었다.
▶ 개인(자기정보)의 특성과 직업 환경(직업정보)인 요인을 진로선택 및 결정에 핵심적 정보로 본다.
▶ 두 정보 간의 매칭 작업이 이루어져야 한다고 보는 이론이다.
▶ 진로 상담자는 두 정보 간의 합리적 연결에 개입한다(임은미 외, 2017).

4-2. 교사, 학생의 직업 세계 이해를 조력하라

손자병법에 "지피지기(知彼知己)면 백전불태(百戰不殆)"라는 말이 있다. 상대를 알고 나를 알면 백번 싸워도 위태롭지 않다는 말이다. 세상과의 원활한 소통을 위해 나를 알고 세상을 알아야 한다. 세상이 얼마나 빠르게 변하는지, 나를 중심으로 어떻게 돌아가고 있는지, 노동시장은 어떻게 달라지고 있으며, 그 세상의 변화에 적응하기 위해 어떤 능력을 갖추고 무엇을 준비해야 하는지에 대해 교사는 친절하게 도움을 주어야 한다.

학생이 관심을 두고 있는 직업에 대해 구체적으로 무슨 일을 하는 직업인지, 그 직업을 갖게 되는 방법은 무엇이며, 관련 학과와 자격증 및 미래의 전망은 어떠한지에 대해 종합적으로 직업정보 탐색을 조력한다. 즉, 관련 사이트와 그 활용 방법을 알려주고, 충분한 탐색이 이루어지도록 돕는다. 관심을 두고 있는 직업에서 필요로 하는 능력이나 역량을 알고, 자신과의 적합성과 가능성을 분석해 보도록 도울 수 있다. 직업 세계에 대한 정보 제공뿐만 아니라, 진로에 대한 다양한 정보를 스스로 탐색하는 능력을 길러 주는 교육도 필요하다. 이는 학생으로 하여금 더 광범위한 직업 세계를 인식할 수 있게 하며, 이를 통해 학생은 직업과 관련된 발달 및 성숙 단계, 훈련, 보상 등에 대해 제대로 이해할 수 있다.

다양한 진로 정보를 수집하고 활용하는 능력은 합리적 의사결정을 할 수 있는 기초 자원이 된다. 내담자는 정보를 찾는 과정을 연습하고 수행해 봄으로써 자기에게 필요한 정보를 스스로 수집해서 활용하는 능력을 갖추어 가게 되며, 이는 진로 탐색을 넘어서 삶의 모든 영역을 탐색하는 데에도 적용할 수 있게 된다.

4-3. 교사, 학생의 정보 탐색 역량을 조력하라

머릿속에 '지식을 얼마나 많이 암기하고 있는가?'에 따라 경쟁력의 유무를 가르는 시대는 이미 지났다. 그보다는 그 지식을 활용하여 사고하고, 적절하게 가공해서 새로운 지식을 창출하며, 자신에게 가치 있는 지식의 쓰임새를 아는 것이 더 필요하다. 다시 말하면, 정보가 넘쳐나는 시대이므로, 어디에 그러한 정보가 있으며, 어떻게 찾고 활용할 수 있는지를 아는 능력이 더 중요하다는 것이다. 즉, 내가 필요한 정보를 탐색하고 활용하는 능력이 바로 경쟁력이라 할 수 있다.

이를 위해 교사는 진로/진학과 관련하여 고등학교나 대학교의 입시정보, 교육정책, 학교나 학과 탐색, 직업 전망, 자격증제도, 공인 시험 등에 대한 정보를 찾고 활용할 수 있는 능력을 길러 줄 필요가 있다.

예전에는 같은 대학 같은 학과에 다니는 학생이라면 대체로 고등학교 성적이 비슷한 아이들이라고 보아도 무방했다. 그러나 지금은 대학마다, 학과마다 각기 다른 다양한 전형으로 학생을 선발한다. 그렇다 보니 같은 학과 학생끼리도 입학 당시의 고등학교 성적에 차이가 다소 발생할 수도 있다. 이유는 전형이 다르기 때문이다. 따라서 성적도 중요하지만 나에게 맞는 전형을 미리 알아보고, 그에 따라 차근차근 준비한다면 무턱대고 공부만 한 아이보다는 성공적인 전략이 될 수 있을 것이다.

그러므로 학생의 발달과 시기나 계획에 따라, 하나하나 사이트에 대한 안내와 함께 사용 방법을 알려줌으로써, 학생 스스로 필요할 때

 교사가 꼭 알아야 할 진로/진학 관련 사이트

· 진로정보망 커리어넷 www.career.go.kr
· 워크넷 www.work.go.kr
· 큐넷(Q-Net) www.q-net.or.kr
· 대입정보포털 www.adiga.kr
· 고입정보포털 www.hischool.go.kr
· 하이파이브 www.hifive.go.kr
· 한국대학교육협의회 www.kcue.or.kr
· 대학알리미 academyinfo.go.k
· 학교알리미 www.schoolinfo.go.kr
· 서울진로진학정보센터 www.jinhak.or.kr
· 전국 각 시도교육청 진로진학정보(지원)센터
· 한국교육과정평가원 www.kice.re.kr
· EBS교육방송 www.ebs.co.kr

검색하고 활용할 수 있도록 돕는다. 다만, 무분별한 정보수집으로 혼란을 겪거나, 신뢰할 수 없는 정보로 잘못된 일반화를 만들지 않도록 하며, 신뢰성이 보장된 정보를 가려낼 줄 아는 능력을 함께 조력한다.

4-4. 교사, 학생의 합리적 의사결정을 조력하라

어떤 학생들은 상급학교 진학과 관련하여 진로 의사결정을 할 때, '친구 따라서, 엄마가 가라고 해서, 또는 그냥 괜찮을 것 같아서'라고 말하기도 한다. 이러한 학생은 진로와 관련한 중요한 선택이 아니더라도, 평소 생활에서의 자기 의사결정 방식이 크게 다르지 않을 수 있다. 자신의 결정을 후회하지 않고 만족스러운 삶을 살기 위해서는, 자신과 주변의 상황을 고려하여 정확한 정보를 바탕으로 본인이 최종적으로 결정해야 한다. 그리고 그 선택에 대한 책임 또한 본인에게 있다는 것을 알도록 학생을 돕는다.

교사는 학생에게 평소 학교생활에서 "네 생각은 어때?", "선택할 때 무엇을 생각하고 결정했니?", "A와 B는 무엇이 어떻게 다르니?", "정보는 어떻게 습득했니?" "어떤 비교 과정을 거쳤니?", "최종 선택은 누가 했니?" 등을 자주 물어볼 필요가 있다. 이런 질문들은 학생이 합리적 의사결정 방식을 익히는 데 도움이 될 수 있다. 질문에 대한 답을 하는 과정에서 스스로 질 높은 정보 수집은 충분한지, 선택지의 장·단점 비교는 했는지 등을 점검하면서 자연스럽게 합리적인 의사결정 방식을 익히게 되는 것이다.

무엇을 선택할 때 감정에 따라 즉흥적으로 결정하는 직관적 의사결정 방식을 사용하는 학생들에게는, 정보 수집이나 논리적인 평가 과정을 거치는 노력을 하도록 조력한다. 다른 사람의 조언을 적극적으로 수용하고 순종적인 의존적 의사결정 방식의 학생들은, 실패할 경우 다른 사람 탓을 하기 쉬우므로 이를 보완하는 방법을 알게 할 필요가 있다. 조언을 수용하더라도 자기 인생의 최종 결정자는 학생 본인임을 알려주고, 결과에 대해 책임지는 자세를 가질 수 있도록 도와야 한다.

📖 **교사를 위한 이론 플러스**

★ 인지적 정보처리 진로이론

▶ 진로에 대해 무슨 생각을 하고, 관련 정보를 어떻게 처리하며, 사고 과정이 진로 의사결정에 어떤 영향을 미치는지에 초점을 둔다.
▶ 효과적 진로 문제 해결 및 진로 의사결정을 잘 할 수 있도록 자기정보, 직업정보, 진로 의사결정 기술, 초인지를 다룬다(이재창 외, 2014).

4-5. 교사, 학생에게 삶의 키워드를 알게 하라

사람은 누구나 자기 인생에 대한 삶의 주제가 있다. 그동안 무엇을 위해 그렇게 살아 왔는지를 가만히 생각해 보면, 자기를 이끌었던 인생 키워드가 존재한다는 것을 알게 된다. 그래서 누구의 인생이라도 삶의 이야기는 모두 한 편의 드라마가 되는 것이다. 개인의 지나온 길을 돌아보면 누구에게나 스토리가 존재하듯이, 역으로 지나온 길이 아닌 학생들의 미래의 삶에 그것을 적용해 보자.

학생들에게 과거보다는 미래를 중심으로 인생 스토리를 생각하게 해 보라. 그것을 통해 자기 삶의 키워드를 알게 되도록 조력할 수 있다. 무엇을 좋아하는지, 무엇을 잘하는지, 무엇을 중요하게 생각하는지 등이 스토리의 소재가 된다. 그러한 소재를 통해 자신의 궁극적 삶의 목표는 무엇인지, 무엇이 자신의 삶을 이루는 중심 테마인지를 알아 가게 하는 것이다.

미래 자서전이나 미래 신문, 미래 일기, 미래 명함, 미래 파티, 미래 동창회, 미래의 모습, 미래 마을 등 미래의 장면에 대한 긍정적 상상을 하게 하면서, 아이들이 미래 자신의 모습을 계획해 가도록 돕는다. 그러한 과정에서 아이들은 자신이 무엇을 위해, 어떤 것을 하며, 어떻게 살고자 하는지를 생각해 보게 되고, 자기 모습을 하나씩 조각하게 될 것이다. 처음에는 서툴더라도 이러한 작업의 반복을 통해 점점 변화하게 된다. 무엇을 위해 어떻게 살 것인지를 자주 질문하고, 원하는 미래의 긍정적인 모습을 일상에서 자주 상상하게 하라. 학생의 삶의 주제를 발견하도록 돕는 것은, 학생 스스로 자신의 궁극적 삶의 목표를 이해하게 하여, 자기 인생 여정의 내비게이션으로 작용하도록 하기 위함이다.

★ 구성주의

▶ 구성주의는 포스트모더니즘이라는 철학적 입장에서 발전되었다.

▶ 지식을 절대적인 것으로 보는 전통적인 지식이론과 달리, 사고하는 개인이 '자신의 경험을 기초로 아는 것을 구성한다.'는 가정에서 출발한다.

▶ 지식은 개인과 독립적으로 존재하는 것이 아니라, 환경과의 상호작용으로 개인에 의해 구성됨을 강조한다.

▶ 개인의 경험과 현실의 사회적 구성에 초점을 맞추는 심리학적 접근으로 상담, 교육, 철학, 심리학 연구 분야에 적용되고 있다(이재창 외, 2014).

★ 구성주의 진로이론

▶ 개인의 일자리가 자주 바뀌는 현대사회에서는 개인의 특성과 직업의 연결, 즉 기존의 매칭 관점이 이제 매력이 없다고 본다.

▶ 진로상담은 내담자의 삶에서 의미를 찾도록 조력해야 하는 것으로 Super의 발달이론과 이야기 상담이론을 결합한 구성주의 관점을 제시한다.

▶ Super의 자아개념과 진로 적응성을 확장하여 현대사회에서의 개인의 진로를 이해하고자 한다.

▶ 직업적 성격, 진로 적응성, 생애 주제라는 세 가지 구성요인으로 설명한다.

▶ 생애 설계라는 새로운 패러다임을 제시한다(이재창 외, 2014).

5. 교사, 학생의 터닝 포인트에 개입하라

교사의 말 한마디로 아이의 인생이 달라진다.
현명한 교사는 아이의 특성을 알고, 능력까지 길러 주는 사람이다.

탄력적인 진로개발 역량을 갖추지 못한 학생이라면 변화하는 세상에 발맞추기는 힘들다. 학교에서 변화하는 세상에 대한 낙오자를 만들 수는 없다. 담임교사, 교과 교사 등, 교사라면 누구라도 학생 개개인의 진로에 초점을 맞추고, 조그마한 진로코칭의 단서라도 잡기 위해 학생 개인의 학교생활 전반을 지속적이면서도 세밀하게 관찰해야 한다.

진로에 초점을 맞춰 코칭의 시각으로 살펴보면, 장점도 보이고 단점도 보이며, 또 강점과 약점도 보인다. 오다가다 관찰한 내용을 아이에게 툭 던지며 코멘트라도 해 준다면, 아이는 선생님이 자신을 관심 있게 보고 있다고 생각하여 더 잘해 보려고 노력하게 될 것이다.

사람은 누구나 스스로 발전하고자 하고, 타인에게 잘 보이고 싶어 하는 인정의 욕구, 성장의 욕구가 있다. 교육의 주체인 교사가 그 포인트를 놓치지 않고 잘 잡아야 아이 인생에 시너지 효과를 낸다. 적절한 시점에 개입하고, 조력하며, 그 결과까지 긍정적이라면 교사가 한 아이의 인생에 성장 터닝 포인트를 만들게 되는 것이다.

지금은 바쁜 스케줄에 행복한 비명을 지르고 있는 모 가수의 예를 보자. 그에게는 고등학교 선생님의 귀한 진로코칭이 있었다.

말썽만 부리던 학생에게서 그의 음악성을 알아본 선생님은 학생을 성악의 길로 안내했다. 그는 고교 시절 공중파 TV의 모 예능 프로그램을 통해 대중에게 얼굴을 선보인 후, 전 세계 투어 콘서트를 하고, 독일 RUTC 아카데미에 유학까지 다녀오면서 음악 인생을 살게 된다. 하지만 유학 후에도 진로는 만만치 않았다. 늘 대중과 함께하는 음악을 하고 싶었던 그는, 성악으로 다져진 음악성을 강점으로 하여 다른 장르인 트로트에 도전하게 된다. 비록 그동안 공부해 온 성악과는 전혀 다른 장르였지만, 그래도 본인이 좋아하는 음악과 함께여서 행복하다고 경연 프로그램에서 밝힌 바 있다.

방황하던 시절, 문제아였던 그를 음악 하는 사람으로 이끌어 인생이 달라지게 해준 고마운 선생님에 대한 스토리도 언젠가 TV에서 방영되었다. 교사가 학생의 인생에 터닝 포인트를 제공한 것이다. 그 선생님은 평소 학생들을 잘 관찰하였는데, 그 가운데 한 아이의 음악성을 발견하게 되었고, 그를 지지해 주고 격려하면서 적절한 진로코칭이 이루어진 것이다. 언젠가 그가 자신에게 은사님은 때로는 아버지 같고, 때로는 형 같은 분이라고 말하는 것을 보았다. 학생이 좋아하고 잘하는 것을 그의 직업이 되도록 이끌어 준 좋은 사례이다. 아이에게 선생님으로서 '의미 있는 중요한 타인'의 역할을 훌륭하게 해 낸 사례라 할 수 있다.

이런 진로코칭은 평소 학생의 특성에 대한 누적된 관찰이 없었다면 불가능한 일이다. 이것이 교사가 학생의 개인적 특성에 따른 진로/직업적 관점에서 관심을 가지고 학생을 관찰해야 하는 이유이다.

6. 교사, 학생의 미래 목표 설정으로 현재를 움직이게 하라

현재가 미래를 바꾸는 것인가? 미래가 현재를 바뀌게 하는가? 다시 말하면, '현재 열심히 하다 보면 그 결과로 자신의 미래 모습이 달라지는가?', 아니면 '자신이 바라는 미래 모습을 정해 놓으면, 동기유발이 되어서 현재에 열심히 하게 되는가?'의 질문이다. 둘 다 맞는 말이다. 필자는 늘 이 질문에 대한 답을 찾고자 하는 마음으로 공부하고, 연구를 한다.

이에 대한 학생들의 생각이 궁금하여 수업 중에 질문해 보았다. 설명 없이 질문한 후 바로 조사했을 때는, 과반이 넘는 학생들이 전자(현재→미래)에 손을 들었다. 하지만 질문 후 각자 생각할 시간을 주고, 모둠 토의까지 한 후 조사를 하니 후자(미래→현재)에 더 많은 손을 들었다. 또한 진로로드맵 활동과 진로 목표에 대한 설명 후 조사를 하니 후자(미래→현재)에 더 많은 생각이 쏠리는 것을 보았다. 이는 미래 진로의 목표설정이 현재의 학습에 동기를 유발하여 학습 강도와 빈도에 작용하는 것이라 볼 수 있다. 막연히 열심히만 하는 것보다는, 진로 목표를 설정하는 것이 현재 학습에 대한 이유로 작용하게 되므로, 학생이 목표를 설정하고 달성하게 되도록 조력이 필요한 것이다.

오늘은 어제의 산물이고, 내일은 오늘의 산물이다. 따라서 오늘이 바뀌지 않는다면 전혀 다른 별천지의 내일은 기대할 수 없을 것이다. 만약 내일을 바꾸고 싶다면 현재, 지금 '이 순간'이 바뀌어야 한다. 그렇지 않고서는 단언컨대, 오늘과 다른 내일은 없을 것이다. 하얀 눈길 위에 수레를 끌고 가다가 뒤를 돌아보면 내가 지나온 자취가 이어져 있는 것처럼, 과거와 현재는 같은 모습으로 이어질 것이다. 그것은 따로 떨어져 있는 점(點)이 아니라, 수없는 점(點)으로 연결되어 있는 선(線)이며, 그것은 서로 유기적이다.

이와 같은 관점에서 현재와 미래를 보자. 미래 어느 순간에 걸어온 길을 뒤돌아본다고 가정해 보자. 오늘은 내일의 과거가 되고, 내일은 그 다음 날의 과거가 된다. 결국 과거, 현재, 미래는 전혀 별개로 떨어져 있는 것이 아니라, 서로 연결되어 유기적으로 상호작용하는 관계라 말할 수 있다. 그러므로 오늘보다 나은 내일을 기대한다면, 오늘은 무조건 어제보다 나아야 한다. 따라서 그에 대한 사고와 용기, 의지와 끈기에 대한 진로코칭이 필요하다.

7. 교사, 강력한 질문으로 학생을 통찰(깨달음)하게 하라

질문은 사고를 자극하고, 뇌를 깨운다.

현재를 행동하게 하는 원동력은 어디에서 나오는 것인가? 과거에서 찾을 수도 있고, 미래에서 찾을 수도 있다. 여러 가지 문제가 얽히

고설켜서 정해진 답을 이야기하기는 매우 어렵지만, 분명한 것은 '통찰(깨달음)'이 있어야만 가능한 일이다. 아이의 뇌를 움직이게 하는 것은 강력한 질문이다. 전혀 새로운 질문을 통해 '통찰(깨달음)'하게 하자.

누적된 과거의 모습인 자신의 현재를 보고 통찰이 일어났거나, 또는 목표설정과 연결된 미래의 긍정적 상상을 통해 '통찰(깨달음)'이 일어났다고 가정해 보자. 이로써 현재 내가 무엇을 어떻게 해야 하는지가 명확해질 것이다. 이처럼 '통찰(깨달음)'을 통해서 현재를 움직이게 하는 강한 원동력을 찾을 수 있는 것이다. 이러한 '통찰(깨달음)'을 일으키는 진로코칭이 가능하도록, 교사는 개방질문, 확대질문, 긍정질문, 미래질문 등 의미질문 및 강력한 질문에 대한 연구가 필요하다.

8. 교사, 학생에게 '그릿(GRIT)'의 힘을 알게 하라.

성공하고 싶다면 열정과 끈기가 있어야 한다.

미래 목표설정으로 현재를 움직일 원동력을 찾았다고 하여 지속적인 실행 유지를 장담할 수는 없다. 유지하는 힘은 '그릿(GRIT)'이다. 앤절라 더크워스(Angela Duckworth)는 2013년 '그릿'을 주제로 한 연구를 인정받아 '천재에게 주는 상'으로도 유명한 '맥아더 펠로 상'을 수상한다. 그녀에 의하면 '그릿'은 인간의 의지와 자기절제, 그리고 재능보다도 목표 달성을 예측할 수 있는 역량이다. 이는 버락 오바마의 연설

에도 인용되었으며, 그녀의 TED 강의는 많은 이들에게 영감을 준다.

그녀는 저서 『그릿(GRIT)』에서, "성공은 타고난 재능보다 열정과 끈기, 즉 그릿에 달려 있다."고 말한다. 분야에 상관없이 성공한 사람들은 두 가지 특성이 있는데, 하나는 강한 탄력성(회복력)과 근면, 다른 하나는 자신이 원하는 바가 무엇인지 잘 이해하고 있다는 것이다. 그들은 결단력이 있을 뿐만 아니라 나아갈 방향까지도 잘 알고 있으며, 그런 사람들이 자기가 원하는 것을 이루어 내게 한다. 즉, 성공한 사람들이 가진 특별한 점은 열정과 결합된 끈기이다(앤절라 더크워스, 2016).

진로코칭에서 교사가 학생에게 '그릿'의 힘을 알게 해주고 '그릿'을 갖게 해 주어야 할 필요성이 여기 있는 것이다. 목표를 통해 동기유발이 되어 실행의 원동력을 찾았다 하더라도 지속적인 노력과 의지가 없다면 공염불에 지나지 않을 것이기 때문이다.

교사는 지속적 관심으로 필요한 시점에 적절하게 개입하고, 목표 설정에 대한 지지, 격려, 할 수 있다는 자신감을 북돋아 주어야 한다. 미래에 대한 기대와 역량 강화를 위한 코칭을 할 수 있다면 그보다 더 훌륭한 조력은 없을 것이다. 필요한 순간에 적절한 방식으로 목표를 높게 잡으라고 격려해 주고, 높게 잡은 목표는 다시 작고 구체적인 목표들로 쪼개어 성공 경험이 누적될 수 있도록 조력한다. 그 목표를 위해 자신감을 북돋아 주며 지지해 줄 사람이 곧 교사이다.

현명한 교사는 학생들에게 행복과 미래에 대한 큰 기대를 갖게 하는 것과 더불어 능력까지 키워 주는 사람이다. 학생에게 '그릿'이 생기기를 바란다면, 먼저 교사 자신이 인생의 목표에 얼마만큼 열정과 끈기를 가지고 있는지 질문해 보고, 학생이 얼마나 교사 자신을 본받고 싶어 할지를 생각해 보라. 만약 자신 있는 교사라면, 학생들에게 이미 '그릿'을 길러 주고 있는 교사라 할 수 있다.

9. 교사, 학생의 진로로드맵을 설정하게 하라

진로로드맵 없이 인생을 사는 것은,

어두운 밤에 등불 없이 혼자 걷는 것과 같다.

1953년 예일대학교의 졸업생을 대상으로, 삶의 목표를 글로 써서 가지고 있는 학생이 얼마나 되는지를 조사했다. 결과는 졸업반 3%의 학생들만이 글로 쓴 목표를 가지고 있었다. 20년 후 이들을 대상으로 추적조사를 한 결과, 그 3%의 사람들이 소유한 부(wealth)는 나머지 97%의 사람들 모두의 재산을 합친 것보다 더 많다는 사실이 확인되었다. 이는 목표를 글로 쓰는 것의 위력을 알게 하는 연구 결과이다.

이와 유사한 하버드대학교의 연구 결과도 있다. 학생들의 80%는 특별한 목표가 없었고, 15%는 단지 생각만으로 목표를 가지고 있었으며, 나머지 5%는 달성 마감일을 적은 뚜렷한 목표를 글로 써서 가지고 있었다. 5%에 속하는 학생 각자가 이룬 성과를 보았더니 그들 스스로 정한 목표를 능가했을 뿐만 아니라, 그들이 이룬 것을 전체적으로 보았을 때 나머지 95% 학생들의 성과를 합한 것보다 더 큰 성과를 이룬 것으로 나타났다(조성진, 2015).

이처럼 학생들에게 이루고자 하는 목표를 글로 써서 간직하게 하는 것은, 마음먹은 목표를 이루게 할 가능성을 높인다. 진로로드맵은 가고자 하는 목표를 정하고 언제 어떤 방법으로 언제까지 갈 것인지를 적은 인생의 이정표와 같다.

로드맵 그리는 방법은 먼 미래부터 가까운 미래로 작성하는 것이 좋다. 또 먼 미래는 비교적 추상적일 수 있으나, 가까운 미래일수록 구체적이면서 세부적으로 짜야 한다. 예를 들어, '난 궁극적으로 어떤 사람으로 살고 싶은가?'(궁극적인 삶의 목표), '그런 사람이 되기 위해 어떤 직업을 선택할까?'(직업 선택), '그 직업을 가지려면 무엇을 전공해야 할 것인가?'(학과 선택), '그러한 전공이 개설된 대학은 어디인가?'(대학 선택), '그 대학을 들어가기 위해 어떤 고등학교를 선택하는 것이 좋을까?', '생각한 고등학교 입학을 위해 지금 나는 무엇을 어떻게 준비해야 하는가?'라는 식으로 위에서 아래로 내려온다.

목표는 SMART(Specific, Measurable, Action-oriented, Realistic, Time-based) 하게 구체적이고, 달성 여부를 수치화하여 잴 수 있어야 하며, 행동 지향적이고, 현실적이면서, 마감 시간을 정하는 목표가 좋은 목표설정이다. 더불어 자신을 잘 알고 목표를 설정하는 것이 필요하며, 목표에 대해 안일한 생각이 들지 않도록 해야 한다. 혹시 실패하더라도 자기합리화로 방어하지 않기 위해 제3자의 시선으로 자신의 목표설정을 객관적으로 보는 것이 필요하다.

실행 전략은 SWOT 분석을 활용하도록 조력한다. 자신의 상황을 정확하게 분석하여 진로 목표를 달성하도록 하는, 맞춤형 진로 전략을 최적화하기 위한 분석 방법으로, 자신의 강점을 파악하고, 약점을 보완하며, 기회를 적극 활용하고, 주변 환경의 위협(장애) 요소를 제거해 나가는 전략을 수립하는 것이다.

★ SWOT 분석

▶ SWOT 분석은 자신의 상황(내부 환경)과 자신을 둘러싼 모든 외부 환경을 동시에 파악할 수 있는 장점을 가진 기법이다.

▶ 자신이 보유하고 있거나, 동원하여 활용 가능한 자원을 바탕으로 자신의 강점 (strength), 약점(weaknees)을 경쟁자와 비교하고, 나아가 자신이 처한 모든 외부 환경과 관련된 기회(weakness) 요인 및 위기(threat) 요인을 파악하는 것이다.

▶ SWOT 분석을 통해 네 가지 전략을 수립할 수 있다
· 첫째, 강점을 가지고 기회를 살피는 SO전략,
· 둘째, 강점을 가지고 위협을 회피하거나 최소화하는 ST전략,
· 셋째, 자신의 약점을 보완하여 기회를 살리는 WO전략,
· 넷째, 약점을 보완하면서 위협을 최소화하는 WT전략이다.

▶ 네 가지 전략 중에서 목적 달성의 중요성, 실행 가능성, 차별성을 기준으로 자신에게 가장 적합한 전략을 선택하여 그것을 중점적으로 실행하면 된다.

▶ SWOT 분석은 말로 하거나 문장으로 기술할 수도 있지만, 좀 더 명료하고 전체적인 파악을 위해 다음과 같이 매트릭스(matrix)를 활용하면 좋다(조성진, 2015).

SWOT 분석 매트릭스(matrix)

내부 요인 외부 요인	강점	약점
기회 (opportunity)	강점을 가지고 기회 살리기 (SO전략)	약점을 보완하여 기회 살리기 (WO전략)
위협(threat)	강점을 가지고 위협(장애)요소 최소화하기(ST전략)	약점을 보완하면서 위협(장애) 요소 최소화하기(WT전략)

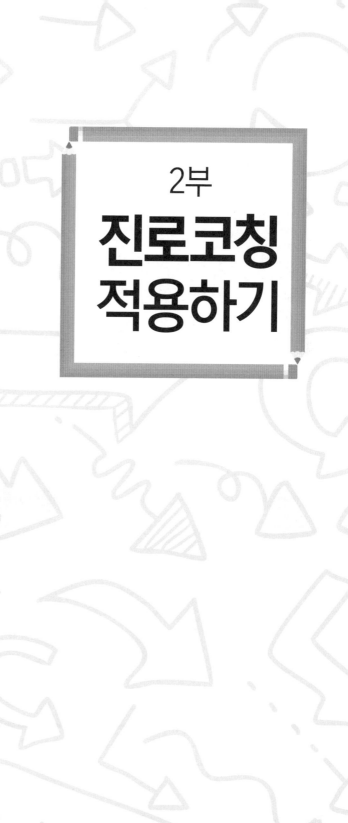

2부

진로코칭 적용하기

한 발 떨어져서 나를 바라보라.

관찰자로 관조하라.

나의 참모습이 보일 것이다.

1장

개인적·사회적 자원인 인간의 성장

1. 코칭, 상담, 컨설팅, 멘토링

최근에는 인간을 '자원'으로 보고, 인적 자원 개발과 관리에 관한 연구활동이 활발하게 이루어지고 있다. 뿐만 아니라 연구된 기법들은 다양한 분야에 적용되어, 개인적 성장과 기업 및 조직의 성과, 변화, 발전에 적극 활용되고 있다. 인간이 저마다 타고난 씨앗과 모양으로 살면서, 행복한 삶을 살 수 있도록 재능과 잠재력을 개발하고 촉진하는 것은 개인, 조직, 기업, 사회의 질적인 향상으로 이어진다. 인적 자원 개발에서는 무엇보다도 대상자가 처해 있는 현재 상태와, 바라는 상태에 대한 다양한 욕구를 파악하여 충족시키는 것을 중요하게 생각한다. 즉, 낮은 수준의 인적 자원을 전환하여 더 가치 있고 효용성 있는 사람으로 만드는 것에 가치를 둔다는 것이다.

학생의 능력과 잠재력 개발 차원에서 관련 기법인 코칭, 상담, 컨설팅, 멘토링 등은 학습지도, 생활지도, 진로지도 등을 위해 학교에서도 많이 활용되고 있다. 본 장(章)에서는 학생의 진로 및 진학과 관련하여 발전과 성장을 조력하는 인적 자원 개발 기법들의 개념을 비교하고자 한다. 이를 통해 비슷한 용어들에 대한 이해를 넓힘으로써 기법을 효과적이고 적절하게 활용할 수 있을 것이다.

1) 코칭과 상담의 차이

상담은 사람들이 내적 혼란, 타인과의 갈등, 우울, 불안 등의 심리적 문제들에 대처하도록 돕는다. 보통 상담의 목적은 내담자를 부정적 과거 경험과 고통에서 끌어내어, 그것에 제대로 대처하고 문제에 휘둘리지 않는 온전한 삶을 영위하도록 인도하는 것이다.

따라서 상담의 목표는 마이너스(−) 상태의 심리상태를 영(0) 또는 그 이상(+)이 되도록 되돌리는 것으로 볼 수 있다. 상담은 상담자와 내담자 사이의 커뮤니케이션 과정을 통해 문제를 이해하도록 돕고, 정서적으로 직면하도록 하며, 내담자의 행동을 변화시키기 위해 다양한 기법을 사용한다는 점에서 코칭과 비슷하다. 그러나 다음과 같은 차이가 있다(조성진, 2015).

첫째, 사람의 심리상태를 바라보는 관점의 차이이다.

상담은 부정심리학을 다루고 심리적으로 건강하지 못한 사람들을 돕는다. 그리하여 문제에서 벗어나 안정된 범주로 갈 수 있도록 돕는 것에 비해, 코칭은 긍정심리학을 다루고 비교적 건강한 사람들이 보다 높은 수준의 성취감을 얻도록 돕는 것이다.

둘째, 서비스를 받는 대상, 즉 고객(내담자)의 가능성을 바라보는 관점의 차이이다.

코칭은 가능성과 잠재력에 중점을 두고, 사람들이 미래에 가고자 하는 곳을 바라보게 한다. 즉, 기본적으로 성장과 변화를 원하는 심리적으로 건강한 사람들을 지원하는 데 초점이 있다. 그래서 코칭은 상담과 같이 과거의 행동을 집중적으로 탐색하는 등 심리적인 측면에 대한 해석에 집중하기보다는, 코칭 고객의 행동 변화와 그를 통한 미래의 성장 및 발전에 더 많은 비중을 둔다.

셋째, 고객(내담자)에 대한 임파워먼트(empowerment)와 성장(발전)이라는 측면에서 차이가 있다.

상담은 일반적으로 상담자가 주도하여 내담자의 과거 행동을 수정함으로써 문제를 해결하고자 노력한다. 그래서 상담자는 상담을 진행할 때 문제 해결 과정에서 필요한 권한을 내담자에게 부여하지 않는다. 즉, 상담자는 내담자에게 문제 해결의 임파워먼트를 제공하지 않는다. 이에 비해 코칭은 문제 해결의 주도적인 권한이 전적으로 코칭 고객에게 있음을 인정하고 진행한다. 실제로 코치는 고객이 스스로 자신의 문제를 해결할 수 있다는 자신감을 가지도록, 다양한 방법으로 격려하고 지지한다. 또한 고객의 과거 행동보다는 미래의 행동에 초점을 두고 궁극적으로 그의 성장과 발전을 지원한다는 점에서 상담과 다르다.

2) 코칭과 컨설팅의 차이

첫째, 코치와 컨설턴트의 자격에 대한 차이이다.

컨설팅은 일반적으로 특정 분야의 전문적인 지식을 가지고 있는 컨설턴트가 주도적인 위치에서 개인이나 조직에 나타난 각종 현상들과 문제점들을 관찰하고 진단한다. 그리고 분석된 원인을 토대로 그 문제점을 가장 잘 해결할 수 있는 방법을 제시한다. 컨설팅은 이 과정에서 문제를 해결해야 할 주체인 의뢰인의 동기, 태도, 사고, 문제 해결 방식 등을 충분히 고려하기보다는 컨설턴트가 주도적으로 해답을 제시하는 일방적인 관계에 기초한다. 따라서 컨설팅의 경우에는 의뢰인이 가지고 있는 능력보다는 컨설턴트 개인이 가지고 있는 지식, 경험, 견해에 따라 컨설팅의 성패가 좌우되는 것이 일반적이다(조성진, 2015).

이와 달리 코칭에서 코치는 고객 스스로의 판단과 결정을 자극하는 존재일 뿐이다. 충고와 비판을 하지 않고, 해답을 제시하지도 않는다. 그러므로 코치는 코칭 주제와 관련된 전문가도 좋지만, 반드시 그 영역의 전문가가 아니어도 가능하다. 코치는 경청하고 요약하며, 이해하고 통찰력 있는 질문을 하는 사람이다. 그 질문에 대한 답을 하는 과정에서 코칭 고객 스스로가 해답을 찾도록 안내한다. 따라서 고객이 자신의 상황을 바탕으로 결론을 내리고 행동하려고 할 때, 코치가 가능한 비 지시적으로 안내할 수 있는 능력만 있으면 되는 것이다. 이런 측면에서 본다면 코치는 격려하는 사람이자 응원하는 치어리더이며,

도전하는 사람이고 책임감 있는 파트너이다.

둘째, 의사소통이 진행되는 방향과 임파워먼트(empowerment) 측면에서 차이가 있다.

일반적으로 컨설팅에서는 컨설턴트가 해결책을 찾기 위한 목적을 가지고 의뢰인들과 의사소통을 한다. 설사 컨설팅을 받는 의뢰인과의 의사소통이 원활하지 않더라도 컨설턴트가 해결책을 마련하는 데 큰 어려움을 겪지 않는다. 그래서 컨설팅에서는 의사소통이 주로 '한쪽 방향(one-way)'으로만 흐른다고 볼 수 있다. 즉, 컨설팅에서는 컨설턴트와 의뢰인 사이가 대등하고 수평적인 관계의 쌍방향 의사소통이라기보다는, 컨설턴트가 해결책을 찾기 위해 의뢰인에게 궁금한 점들을 묻고 의뢰인이 대답하는 방식의 일방적인 대화라고 볼 수 있다. 그 속에서 문제 해결을 위한 임파워먼트를 찾기는 쉽지 않다.

이에 비해 코칭은 코치와 고객 사이에 이루어지는 신뢰 관계를 바탕으로, 고객이 자신의 문제를 스스로 해결하도록 그에게 주도적인 권한을 부여하고 격려한다는 점에서 컨설팅과 크게 다르다. 이 과정에서 코치는 고객에게 동기, 태도, 사고, 문제 해결 방식 등에 대한 권한을 충분히 배려하고, 대등하면서도 수평적인 관계에 기초한 파트너십을 바탕으로 쌍방향 의사소통을 지향한다는 점이 컨설팅과 차이가 있다.

3) 코칭과 멘토링의 차이

　멘토링은 멘토와 멘티의 관계로, 멘토는 역할 모델을 제시하고, 특별한 프로젝트를 자세히 감독하며, 개인적인 도움을 주는 사람이다. 해당 영역에서 숙련된 연구와 경험 및 성과가 바탕이 되는 권위를 가지고 있으며, 멘티의 성장과 발전을 위해 기꺼이 시간과 열정을 투자할 수 있는 사람이다. 멘토링은 학습자인 멘티가 멘토의 기술, 정보, 관점, 삶의 지혜를 '닮도록 만드는 것'에 초점을 둔다.

　이에 비해 코칭은 고객 스스로 자신의 참모습을 발견하고 그것을 계발시킬 수 있도록 지원할 뿐, 고객으로 하여금 의도적으로 코치를 닮도록 하지는 않는다. 코칭은 고객이 궁극적으로 고객 자신만의 독특하고 차별화 된 강점을 잘 살리는 존재로 성장할 수 있도록, 지원하는 것에 초점을 둘 뿐이다. 멘토가 특정 분야의 전문가로서 활동한다면, 코치는 고객이 스스로 원하는 방향을 찾도록 도와주는, 최고의 능력이 있는 사람이라는 점에서 차이가 있다.

<표 2-1> 인적 자원 개발 기법 간의 비교

구분	코칭 (coaching)	상담 (counseling)	컨설팅 (consulting)	멘토링 (mentoring)
공통점	성장과 발전을 지향, 원활한 의사소통을 지향			
용어	코치-(코칭)고객	상담자-내담자	컨설턴트-의뢰인	멘토-멘티
참가자의 자발성 정도	자발적, 능동적	수동적(능동적)	수동적(능동적)	수동적(능동적)
참가자-전문가 관계	수평적 (파트너십)	수직적	수직적(수평적)	수직적
전문가의 개입 정도	최소의 개입	깊숙한 개입	부분 개입	깊숙한 개입
문제 해결 주체	고객	상담자	컨설턴트	멘토
문제 해결 방식	해결책 발견 지원	해결책 제시	해결책 제시	해결책 제시
주목하는 시점	현재와 미래	과거와 현재	과거와 현재	현재
임파워먼트 (empowerment) 정도	최고 수준	부분적	없음	없음
커뮤니케이션 방향성	쌍방향	주로 일방향	주로 일방향	주로 일방향
고객의 리더십에 대한 관심	아주 많음	거의 없음	거의 없음	일부 있음

출처: 조성진(2015). 진로설계와 코칭리더십. 정민사. p.35 재구성.

2장

진로 조력을 위한 상담, 컨설팅, 코칭

상담, 컨설팅, 코칭의 목표는 개인, 기업, 조직, 사회의 성장과 발전이라는 공통점이 있으나, 참가자의 자발성 정도, 참가자-전문가 관계, 전문가의 개입 정도, 문제 해결의 주체, 문제 해결 방식, 주목하는 시점, 임파워먼트(empowerment) 정도, 커뮤니케이션 방향성 등에서 다소 차이가 있음을 보았다. 이러한 인적 자원 개발의 기법들은 개인의 진로 문제 해결에도 적용하고 있다. 진로의 최종 목표는 '행복한 삶'이다. 교육 현장에서는 이러한 기법들을 적절히 활용하여, 학생의 행복한 삶을 설계하고 실행하는 데 도움을 준다. 이는 나아가 행복한 사회를 만드는 데에도 기여하게 될 것이다. 진로 조력에서의 상담, 컨설팅, 코칭의 일반적 내용을 살펴보기로 한다.

1. 진로상담

1) 진로상담의 내용

김봉환 등(2013)에 의하면 진로상담은 내담자의 이해와 조력으로 그들의 진로 문제를 해결하는 과정이다. 진로상담 이론에 따라 상담 과정이나 전제의 초점은 조금씩 다르다. 즉, 내담자의 진로 문제를 개인과 환경의 매칭으로 보고 매칭 전략을 구사하거나, 진로 미성숙을 원인으로 보고 진로 발달 및 진로 성숙 증진에 목표를 두기도 하며, 사회 맥락적 연관성을 고려하여 사회학적 관점으로 접근하기도 한다. 최근의 진로상담은 내담자가 직업을 선택할 수 있도록 돕는 것뿐만 아니라, 더 나아가 직업을 포함한 인생의 진로계획을 세울 수 있도록 도와주는 방향으로 진행되고 있다.

심리상담과는 달리 진로상담의 특수성은 상담 과정 중에 선택과 결정이 이루어진다는 것이며, 진로상담의 가장 중요한 목표는 진로 선택과 진로 적응이다. 일반적으로 진로상담에서 중점적으로 다루어야 할 공통 내용을 제시하면 다음과 같다.

① 자신에 대한 이해 증진

진로계획을 세울 때 가장 중요한 것은 먼저 자기 자신에 대해 아는 것이다. 개인이 가지고 있는 특성에 대한 객관적이고 정확한 이해 없이는 올바른 진로 선택이 어렵기 때문이다. 있는 그대로의 자신을 발견하고 이해할 수 있게 되면, 자기가 처한 상황에서 보다 효율적인 판단과 선택이 가능해지므로, 자신의 생각과 감정을 자각하고, 필요와 욕구를 인식하며, 장점과 약점, 흥미, 적성, 포부 등을 수용할 수 있도록 도와줄 필요가 있다(연문희, 강진령, 2002).

이를 위해 상담 과정에서 자기 탐색(self-exploration)의 경험을 제공해야 한다. 표준화된 심리검사나 다른 진단 방법을 통해 내담자의 특성을 발견할 수 있으며, 개인상담, 집단상담 등을 통해서도 자기 이해를 조력할 수 있다(이재창, 2005). 이외에도 관찰법, 사례연구, 자서전 법, 면담 등의 비표준화 검사를 활용함으로써 표준화 검사 도구에서 측정할 수 없는 내담자의 진로 관련 정보를 수집하여 도울 수도 있다(지용근, 2005).

② 직업 세계에 대한 이해 증진

진로상담은 내담자로 하여금 일의 종류, 직업 세계의 구조와 특성, 직업 세계의 변화, 고용 기회 및 경향 등을 이해하도록 도와주어야 한다. 내담자가 당면 문제를 해결하고 미래를 계획할 수 있도록 하기 위해서는 이들을 둘러싸고 있는 가정, 학교, 직업, 개인 및 사회적 정보에 대한 현실적 이해가 이루어질 수 있도록 도와주어야 한다. 직업 세계의 환경뿐만 아니라, 사회가 복잡하게 발전함에 따라 개인을 둘러싸고 있는 환경의 특성도 다양하게 변하고 있기 때문이다(조붕환, 임경희, 2013). 진로상담이 직업 및 교육정보를 제공하는 데 치중한다는 점에서 다른 형태의 상담과 다르다고 할 수 있다.

③ 합리적인 의사결정 능력 증진

진로상담은 내담자가 스스로 계획을 세워 진로를 결정하고 이끌어 나갈 수 있도록, 합리적인 의사결정 능력을 길러 주는 것이어야 한다. 특히 내담자의 진로 발달 및 성숙 정도를 고려하여 그 수준에 따라 진로계획을 수립하고, 의사결정 기술을 증진하도록 조력하는 것이 중요하다. 진로 선택과 결정을 조력할 때는 의사결정의 결과보다는 과정에 초점을 두는 것이 좋다. 일반적으로 진로 성숙도가 낮은 내담자는 직업 준비 과정을 발달시키는 상담이 필요하며, 진로 성숙도가 높은 내담자는 정보수집과 내면화를 조력한다. 이를 위해 필요한 정보를 제공하고, 의사결정을 위해 여러 대안들의 장단점을 비교할 수 있도록 돕는다. 현명한 의사결정을 방해하는 정서적, 심리적 문제가 있다면, 그 특성을 확인하고 극복할 수 있도록 도와줄 필요가 있다.

④ 일과 직업에 대한 올바른 가치관 및 태도 형성

진로상담의 중요한 내용 중의 하나는 내담자가 일과 직업에 대해 올바른 가치관 및 태도를 형성하도록 돕는 것이다. 즉, 직업의 선택과 직업 생활에 있어서 능동적이고 긍정적인 태도를 갖도록 도와주어야 한다.

일은 생계 수단 이상의 의미가 있다. 즉, 자아실현의 수단이므로 일이 갖는 본래의 의미를 깨닫고 올바른 직업관과 직업의식을 갖도록 하는 것이 필요하다. 이를 위해 진로상담자는 내담자들이 일을 수단으로 여기기보다는, 그 자체를 목적으로 생각할 수 있도록 도와주어야 하며, 직업 자체에 대한 편견과 성 역할에 대한 고정관념에서 벗어날 수 있도록 조력해야 한다(이재창, 2005).

⑤ 직업 결정 및 직업 적응 기술 증진

진로상담의 중요한 목표는 선택과 적응이다. 자기 이해와 직업 세계 이해를 통해 자신의 종합적인 특성, 즉 관심이나 능력, 중요한 가치, 성격을 고려하여 자신의 역량을 발휘하고 사회적 가치실현에 적합한 직업을 결정할 수 있도록 도와주어야 한다. 또한 직업생활에 만족할 수 있는 적응 능력과, 그것을 위한 충분한 준비에 대한 조력도 필요하다.

2) 진로상담 과정

① 관계 맺기 및 내담자 분류 단계: 초기면접, 관계 맺기, 내담자 이해하기

상담은 초기면접(사전상담)으로 시작되는데, 초기면접은 상담자와 내담자 간 신뢰감을 형성하고 내담자를 이해하는 과정이다. 내담자는 일반적으로 자신이 알고 있는 수준에서 상담자에게 이야기하고, 진로상담의 특성상 짧은 시간에 많은 이야기를 하게 된다. 때로는 진로문제에 대한 의식 없이 친구 따라 오는 경우도 있다. 따라서 초기면접에서 내담자에게 '도움 받으려는 욕구를 인식'시키고 상담에 대한 호기심을 유발하여 상담에 집중하도록 하는 작업이 필요하다.

신뢰적 조력 관계 맺기를 위해 상담자는 상담 시간에 맞춰 미리 맞이할 준비를 하고, 내담자를 환영해 준다. 도움을 받기 위해 상담실을 찾는 내담자는 위축되기 쉽기 때문이다. 또한 상담자가 내담자의 이야기를 충분히 경청해 주는 태도를 보일 때, 내담자는 상담자가 진실로 자신의 행복과 안녕에 관심이 있다고 믿게 된다. 이렇게 상담자가 자신을 도울 수 있는 사람이라고 생각하면서 신뢰 관계를 형성해 나가게 되는 것이다.

상담자는 내담자의 이야기를 종합하여 내담자를 이해하고, 단순히 내담자가 호소하는 문제를 넘어 본질적 문제를 정확히 파악하는 것이 중요하다. 그러기 위해서는 호소하는 문제의 발생 배경을 이해하고 원인을 파악해야 한다.

또한 의미 있는 상담 개입 전략을 세우기 위해 진로 유형(진로결정, 진로미결정, 우유부단형) 분류가 필요하다. 이러한 분류를 통해 상담을 조직적으로 구조화하고 체계화하여 상담 전략과 개입 방향을 수립한다.

② 진로 문제 평가 및 목표설정: 문제 평가, 목표설정

내담자가 호소하는 문제를 정확히 파악하고 규정하는 것은 매우 중요한 일이다. 문제의 종류나 정도에 따라 상담의 방향이 달라지기 때문이다. 진로 문제를 정확히 평가하기 위해서는 상담자가 관련 분야의 여러 가지 이론적 지식을 가지고 있어야 하며, 다양한 이론에 대한 통합적 접근이 필요하다. 내담자가 호소하는 내용을 단순히 내담자의 이야기에만 의존하기보다는, 이야기 이면에 존재하는 문제의 원인을 탐색하고 발생 배경을 참고하여 문제의 본질에 접근하도록 해야 한다. 그러기 위해서는 내담자의 충분한 정보가 필요하며, 김봉환(2000)에 의하면 내담자의 정보에는 일반적인 정보, 진로계획 관련 정보, 진로 발달에 관한 정보가 있다.

목표설정은 상담을 원하는 방향으로 안내하여 성공적으로 이끄는 역할을 한다. 그러므로 내담자 문제의 본질 파악과 내담자의 기대 및 지각을 고려한 구체적이고 명확한 목표설정 및 합의 과정이 요구된다. 상담목표와 행동계획을 세우는 준거를 말한 Krumboltz(1966), Gysbers, Moore(1987)에 의하면, 목표는 구체적이고, 관찰 가능해야 하며, 달성되는 기한이 정해져야 하고, 현실적으로 달성할 가능성이 있는 것이어야 한다(이재창, 2014).

③ 문제 해결을 위한 행동계획 수립과 실행 단계:
행동계획 수립, 실행계획 세우기

내담자가 최선의 방법을 찾도록 돕고, 실천 가능성을 점검하도록 조력한다. 또한 세부 실천과정을 정하고, 결과나 어려움을 예측하여 미리 준비하도록 돕는다.

진로 의사결정 유형에 따라 그들의 특징에 알맞은 합의된 진로계획이 필요하다. 내담자의 문제는 삶 속에서 굳어진 사고방식이나 행동 유형이 대부분이기 때문에, 상담자가 서둘러서는 안 된다. 내담자가 찾아낸 해결 방법이 아무리 별것 아니더라도, 인정하고 지지하며 성급하게 대응하지 않는다.

꿈이 현실로 다가올 수 있도록 진로상담의 실행계획을 치밀하게 세우고 실천하는 과정이 필요하다. 실행계획을 세운다는 것은 내담자가 자신의 선택에 적합한 체계적인 진로 탐색을 해나가는 과정이라 할 수 있다. 그러나 실행계획이 최종적인 결정은 아니며, 실행 과정 중 언제든지 수정 보완될 수 있는 것이다.

계획은 실천을 통해서 의미가 부여된다. 실천하지 않는 계획은 아무 의미 없는 에너지 낭비에 불과하기 때문이다. 진로상담을 신청하고 도움을 받는다는 것은, 이미 자신의 삶을 위한 목표 실천의 발걸음을 시작한 것이다. 목표는 실행으로 이루어짐을 알고 실천할 의지를 갖도록 상담자는 내담자에게 동기를 부여하고 격려해야 한다.

④ 종결 및 추수 지도

상담의 시작과 동시에 종결은 이미 예정되어 있다. 그러나 종결은 어려운 과제이므로 상담자는 내담자가 다가올 종결을 예상하고 준비하도록 리드해야 한다. 상담이 필요했던 당면 문제가 상담 과정에서 충분한 통찰로 해결되었거나, 대처기술 능력이 생겼을 경우 상담을 종결한다. 그리고 앞으로 비슷한 문제 상황이 닥칠 때를 대비하여 대응 연습도 필요하다.

종결기 동안에 상담자는 내담자와 함께 합의했던 상담목표 달성 여부를 확인히고 검도해야 한다. 상담자는 상담 과정에서 새롭게 배운 것과 상담목표 달성 및 변화된 것에 대한 성찰 질문을 통해 내담자의 성장과 새로운 변화에 대한 의견을 나눈다. 그 속에서 변화의 원인을 찾고, 성장한 내담자를 격려하며, 앞으로의 문제를 예측하고 대비한다.

종결 후에도 내담자가 상담을 원하면 언제든지 다시 만날 수 있다는 점을 알려 주고, 내담자의 지속적 성장을 조력하는 차원에서 추수 지도는 필수적이다. 추수 지도는 상담 후에 내담자의 진로 선택과 의사결정에 대해 만족감이 유지되는지 확인하는 과정이며, 필요한 경우 종결 시점의 진로 선택과 의사결정이 지속되도록 지도하는 것을 말한다.

2. 진로 컨설팅

컨설팅이란 해당 분야에 전문지식을 갖춘 전문가가 의뢰인의 문제에 대해 다(多)각도로 원인을 진단하고 분석하여 문제 해결을 위한 대안을 제시하는 것이다. 주로 기업에서 경영이나 성과목표 향상을 위해 컨설팅 의뢰를 많이 하고 있으며, 진행 과정은 문제 정의, 기대목표 합의, 원인진단 및 분석, 해결방안 제시, 추후 점검으로 이루어진다.

이러한 컨설팅을 학교의 진로 교육 현장에도 이용하는데, 주로 학습 방법이나 입시를 위한 진학에 많이 적용하곤 한다. '진로 컨설팅'보다는, '진학 컨설팅'이란 용어에 우리가 한결 익숙한 이유이다. 학생들은 컨설팅 과정에서 컨설턴트가 무엇인가 드라마틱한 팁을 제공하여 확실한 방안을 찾아줄 것이라는 기대를 한다. 그러다 보니 인생의 큰 그림을 보는 '진로'라는 용어보다는, 당장 눈앞에 닥친 '진학'이란 단어와의 조합이 컨설팅의 특징과 더 잘 부합하여 자연스럽게 사용되는 것으로 보인다.

학교 내 진로 컨설팅은 컨설턴트 역할의 교사가 진로 전문가라야 한다는 전제가 필요하다. 컨설턴트는 의뢰받은 학생의 진로 문제 진단을 위해 성적, 생활기록부, 그동안의 스펙 등을 종합적으로 분석하여, 진로 문제의 원인을 찾고 최선의 대안을 찾아 제공한다. 이와 같은 과정과 방법은 기업의 컨설팅과 상당히 유사하다.

일부 학부모들 중 자녀를 데리고 사설 컨설팅 기관을 방문하여, 고입이나 대입에 대한 짧은 시간 컨설팅 대가로 고액을 지불하는 경우가 종종 있다. 컨설턴트가 문제 해결의 좋은 대안을 제시했다고 해 보자. 그러나 만약 그 대안이 학생의 흥미, 적성, 가치관, 성격 등 종합적 특성을 고려하지 않은 것이어서 학생이 실행에 옮기지 않는다면 무슨 의미가 있겠는가? 또 실행하더라도 열정이 저하되어 결국 진로 문제 해결에 이르지 못하게 된다면 얼마나 허무하겠는가? 어차피 실행에 옮기고, 그 실행을 유지해야 할 당사자는 학생 자신이라는 뜻이다.

사람은 충고를 받거나 할 일을 지시받을 때보다 자신이 스스로 할 일을 결정했을 때 더욱 확실하고 효과적으로 일을 추진한다. 컨설팅 받는 순간은 진로 문제가 해결되는 것처럼 보여도, 고등학교나 대학에 입학하고 나서 자신과 맞지 않은 선택이었음을 발견하면 새롭게 갈등하기도 한다. 이는 개인 특성을 고려한 입체적인 진로 컨설팅이 아니라, 시간에 쫓겨 단순히 성적만을 보거나 합격만을 전제로 진학 컨설팅을 한 결과이다. 즉, 생득적 요인, 개인을 감싸고 있는 환경, 그동안의 삶, 고유한 진로 스토리 등의 특성을 충분히 고려하지 못한 데에 그 원인이 있다. 특히 진로 문제의 본질에 대한 미숙한 파악과, '컨설팅'이란 기법에 대한 구조적인 측면의 문제도 있다. 컨설팅은 의뢰인과의 충분한 쌍방향 의사소통이 이루어지지 않아도 가능하다. 즉, 의뢰인의 진로 문제를 컨설턴트 입장에서 어떻게 보는지가 중요하다 보니, 개인에 대한 깊숙한 개입이 이루어지지 못하고, 문제 해결 방안을 받기만 하는 의뢰인의 수동적인 구조적 문제가 있다는 것이다.

컨설팅은 이 과정에서 문제를 해결해야 할 주체인 의뢰인의 개인적 특성을 충분히 고려하기보다는, 컨설턴트가 주도적으로 해답을 제시하는 일방적인 관계로 이루어진다. 따라서 컨설팅의 경우에는 의뢰인이 가지고 있는 능력보다도, 컨설턴트 개인이 가지고 있는 지식, 경험, 견해에 따라 컨설팅의 성패가 좌우되는 것이 일반적이다.

학교에서도 교사에 의한 일방적 처방의 진로 진학 컨설팅이 필요할 때가 있다. 입시 철이 되면 컨설팅을 요구하는 학생들이 많아지고, 이를 위해 교사는 진로 진학과 관련하여 전문적인 지식을 충분히 갖추기 위해 지속적인 개인적 연찬이 필요하다. 교사(컨설턴트)의 전문성이 컨설팅의 질과 만족도를 결정하기 때문이다.

3. 진로코칭

코칭은 코치와 코칭 고객이 만나서 실행하는 쌍방향 의사소통으로써, 한 번 혹은 여러 번에 걸쳐 진행되는 일련의 구조화된 과정이다. 사람들이 코칭을 받는 이유는 무엇인가 달라지기를 원하기 때문이고, 그런 차원에서 코칭은 행동 변화를 일으키는 것과 관련이 있다.

현재 국내외에서 활용하고 있는 코칭 프로그램은 저마다 고유한 프로세스를 가지고 있다. 프로세스는 우회적인 산만한 대화를 방지하고 성공적인 코칭 대화가 가능하도록 이끄는 이정표와 같은 것이다. 각각의 프로그램마다 단계가 있고, 언급하는 내용에 다소간 차이가 있으나, 다음의 세 가지를 공통으로 다루고 있다(조성진, 2015).

① 목표를 정하고,
② 고객이 주도하여 문제 해결과 목표 달성을 위한 대안 및
   실행방안을 모색하며,
③ 문제 해결 대안과 실행방안의 계획 및 실천 의지를 확인한다.

코칭 철학에서는 인간을 무한한 가능성과 잠재력을 가지고 있는 존재로 여기고, 모든 문제의 해답은 자기 안에 있다고 한다. 그래서 설령 코칭 고객이 여러 가지 다양하고 복합적인 문제를 가지고 있더라도, 언젠가는 스스로 자신의 문제를 해결할 수 있는 해답을 찾을 수 있다고 본다. 따라서 코치는 그때까지 기다려 주면 되는 것이다.

하지만 사람은 습관적으로 과거 자신의 '기억'에서 그간 비슷한 문제에 적용해 오던 낡은 방법을 그대로 사용할 가능성이 있다. 그렇게 된다면 원하는바 목표를 이루는 데 시간이 오래 걸리거나, 목표를 아예 이루지 못하게 된다. 또는 잠재력이 있는 줄도 모르고, 자원 활용에도 미숙할 수 있다. 이때 기존의 방법과는 전혀 다른 창의적인 방법이나 자원 활용, 장애물 제거에 사고를 전환하도록 코칭의 필요성이 제기된다.

한 마리의 개미가 뫼비우스의 띠 위의 한쪽 끝에서 다른 쪽 끝으로 기어가고 있다고 가정해 보자. 자신이 가고자 하는 방향으로 열심히 기어가지만 결국 개미가 돌아오는 곳은 처음 출발했던 그곳이다. 혹시나 해서 다시 시도해 보지만, 역시나 결과는 종전과 같을 수밖에 없다. 인간이라면 누구나 살면서 이와 같은 상황을 경험할 때가 있는데, 이때 누군가가 해줄 수 있는 일은 뫼비우스 띠를 가위로 잘라 주는 일이다(조성진, 2015). 그렇게 할 수 있는 것이 바로 코치이며, 코칭을 통해서 그 일이 가능해진다.

4. 학교에서의 진로상담, 진로 컨설팅, 진로코칭

앞에서 보았듯이 상담, 컨설팅, 코칭 모두 상호 커뮤니케이션 과정을 통해 얻고자 하는 한 가지 공통점이 있다. 그것은 대상자의 현재 상태의 문제를 해결하고, 그가 바라는 목표에 도달하여 성장과 발전을 꾀한다는 점이다. 이렇게 본다면 진로상담, 진로 컨설팅, 진로코칭의 공통된 목표는, 대상자가 안고 있는 진로 문제를 해결하고, 개인의 진로 개발 역량 증진으로 진로 목표에 도달하는 것이다.

교사는 학생에게 중요한 진로 조력자로서, 학교에서 학생 개개인의 가려운 곳이 어디인지를 잘 파악해야 한다. 개인마다 가려운 부분이 다른데, 그 부분을 잘 긁어 주는 것이 맞춤형 진로상담(진로코칭, 진로 컨설팅)의 시작이요 끝이다.

진로 문제가 있는 어떤 학생이 진로상담실을 찾아 도움을 요청했다고 가정해 보자. 진로상담, 진로 컨설팅, 진로코칭 중에서 교사는 무엇을 적용해야 하는가? 용어가 서로 다르고 개념과 접근에 다소 차이는 있으나, 공통된 목표는 찾아온 학생의 진로 성장과 발전으로 그가 안고 있는 진로 문제를 해결하는 것이다. 그렇다면 이 학생에게 도움을 주는 과정 또는 기법이 진로상담인지, 진로 컨설팅인지, 진로코칭인지 여부가 그리 중요한 문제는 아니다.

어느 한 가지 기법으로만 도움을 주는 것이 옳다고 주장할 수도 없다. 개인이 처한 상황과 환경적 요인, 종합적 특성, 내적·외적 에너지, 진로 문제의 유형, 진로 문제 해결의 시급성, 도움을 요청한 시기 등을 종합적으로 고려해야 하기 때문이다.

학교 현장에서 학생들의 고민 해결에 도움을 주는 교사나, 도움을 요청한 학생의 입장에서 본다면, 교사의 효율적 적용과 효과가 더 필요하다고 할 수 있다. 결국 진로상담(진로코칭, 진로 컨설팅)의 목표는 학생의 진로 문제 해결을 통한 개인의 성장과 발전에 있다. 따라서 고민 당사자의 진로 문제가 해결되고, 조력에 대한 효과와 만족도를 높일 수 있도록, 교사가 융통성을 발휘하여 융합적, 상호 보완적으로 기법을 응용하여 적용해야 할 것이다.

어떤 기법을 적용하는가보다는, 도움을 요청하는 학생이 문제를 해결하고자 하는 자발적 의지가 있는지, 그에게 문제 해결이 얼마나 절실한지, 교사에게 열정과 애정을 바탕으로 한 진정성 및 전문성이 있는지에 따라 진로상담(진로코칭, 진로 컨설팅)의 효과와 만족도가 좌우된다. 어떤 학생에게는 진로상담으로 접근하고, 다른 학생에게는 진로코칭이 도움이 될 것이며, 또 다른 누구에게는 진로 컨설팅이 필요할 수도 있다. 같은 사람이라 할지라도 진로 문제의 유형이나 도움을 요청한 시기 및 시급한 정도, 효과의 적절성에 따라 진로상담, 진로 컨설팅, 진로코칭이 상호 교차 적용되도록 해야 한다.

학교 진로상담실에서 진로상담, 진로 컨설팅, 진로코칭을 상호 교차 적용하는 것에 대한 필자의 견해이다.

▶ 학생의 심리상태 및 에너지를 마이너스(−)에서 영(0)으로 올리기까지는, '주로 상담, 상담 & 코칭 조합'

심리상태 및 에너지가 아주 낮은 학생에게, 건강한 심리상태 회복을 위한 충분한 노력 없이 코칭이나 컨설팅을 통해 진로에 대한 도움을 주고자 해 봐야 큰 효과가 없다. 그런 학생의 경우, 진로 문제 해결이 시급한 것은 아니다. 심리상태의 문제가 진로에 영향을 주고 있다면, 학교 위클래스나 다른 기관의 연계 상담으로 감정을 충분히 다루는 작업이 이루어져야 하는 것이 우선이다. 그 후 안정적인 단계를 확인하고 난 후 상담이나, 상담과 코칭의 조합으로 진로 문제에 개입한다. 이때, 서두르지 말고 여러 번의 회기를 통해 천천히 접근하는 것이 필요하다.

> ▶ 학생의 심리상태 및 에너지를 플러스(+)에서 더 높은 곳으로
> 올리기 위해 해결방안 제시를 바란다면, '주로 컨설팅, 컨설팅 &
> 코칭 조합'

빠른 해결책을 요구하거나, 제공하는 대안대로 시도하고자 하는 마음의 준비가 되어 있는 학생에게 감정에 대한 지루한 터치는 불필요하다. 그럴 경우 학생은 그 시간을 낭비라고 생각할 뿐 아니라, 그로 인해 진로 문제 해결은 더욱 늦어지게 된다.

시급하게 해결방안을 구하고 싶어 하는 학생들에게는, 치밀한 원인 분석 과정을 거친 후 컨설팅을 통해 여러 방안을 제시하고, 그중에서 본인이 선택할 수 있도록 조력한다. 시기적으로 진로 선택을 강요당하는 입시 철에는 신속한 진로 컨설팅이 필요하기도 하다. 어떤 학생들은 욕심이 앞서 진로 원인분석과 진단을 통해 빠른 답을 주는 수동적인 진로 컨설팅을 원하지만, 실행을 잘 이어가는 학생들은 극히 소수에 불과하다. 실행을 촉진하는 원동력이 부족한 것이다. 성찰과 통찰을 통해 충분한 고민으로 자신이 찾은 방안이기보다는, 교사가 일방적으로 주는 해결방안을 실행해야 하기 때문이다. 이때 성찰 질문으로

내면을 자극하는 코칭을 컨설팅에 조합하여 도움을 줄 수 있다.

▶ 학생의 심리상태 및 에너지를 영(0)에서 플러스(+) 또는 더 높은
점수로 올리기까지는, '주로 코칭, 코칭 & 컨설팅 조합'

대부분의 자발적 의지로 진로상담실을 찾아온 진로미결정 학생들에게는 '진로코칭'을 적용한다. 이런 학생들의 특징을 보면, 자신의 삶에서 진로 선택과 결정이 얼마나 중요한지를 이미 알고 있다. 뭔가 하고는 싶지만 무엇을 어떻게 해야 하는지 잘 모르거나, 자신의 실행 및 결정을 확인받고 싶거나, 자신이 어떤 사람인지 몰라 궁금해서 오는 학생들이 대부분이다. 참으로 아이러니하지 않은가? 자기가 자기를 모르겠다고 타인에게 자기가 어떤 사람인지 알게 도와달라니 말이다.

'조하리의 창(1955)' 이론에 의하면, 어떤 경우에는 나보다도 남이 더 나를 잘 알고 있을 때가 있다. 심지어 남들은 다 아는데 자기만 모르는 경우도 있다. 진로상담실을 찾은 학생들에 의하면 자신이 어떤 사람인지 알고, 무엇을 해야 할지 결정하게 된다면 일단 실행해 볼 뜻은 있다고 말한다. 실행의 지속성은 장담할 수 없지만 말이다. 이 지점에서 교사(코치)의 개입이 절실하다. 학생이 현재 상태에서 바라는 상태까지 갈 수 있도록, 무엇을 어떻게 도와야 할지 구조화하고, 목표 설정과 구체적인 실행계획까지 세심한 조력과 촉진, 지지와 격려가 필요하다. 즉, 코칭으로 접근하여 도울 수 있다는 것이다.

코칭의 개념 설명에서 보았듯이, 코칭의 기본 철학은 인간을 긍정적으로 보아 인간의 무한한 잠재적 가능성을 믿으며, 문제에 대한 해

답은 자기 안에 있다고 보는 것이다. 따라서 코치의 역할은 코칭 고객의 내부에 있는 잠재 가능성을 알게 하고, 스스로 가고자 하는 목표에 이르도록 하는 것이다. 교사는 이러한 코치의 역할로써 학생의 진로를 조력한다.

이를 위해 여러 가지 코칭 스킬을 사용한다. 이 중에서 코칭의 핵심적 스킬은 '질문'이다. 이것은 교사의 질문에 대해 능동적이면서 적극적인 사고가 코칭 대화의 중심이 되기 때문에, 학생이 스스로 참여하는 것과, 코칭에 대한 이해가 전제되어야 한다. 즉, 질문을 받는 것이 부담스럽거나, 생각하고 대답하는 대화 형식이 불편한 학생은 코칭에 적합하지 않을 수 있다. 그래서 충분한 사전 코칭이 필요하고, 자발적 의지가 매우 중요하다. 자발적 의지로 진로 문제에 도움을 요청한 대부분의 학생들에게 필자는 3-MAO(Me As an Observer) 진로코칭(진로상담)을 진행한다.

지금까지 학교에서의 진로 조력을 하는 교사가 학생의 진로 조력 요구에 대한 다양한 요인에 따라 어떤 기법을 적용할 수 있을지에 대해 말하였다. 필자의 현장 적용에 대한 견해와 예시를 제시한 것으로, 적용을 위한 구분이 중요한 것은 아니다. 말하고자 한 핵심은 기법의 적절한 교차 적용으로, 학생을 위한 진로 조력 효과의 극대화가 필요함을 강조한 것이다.

3-MAO(Me As an Observer) 코칭

본 장(章)에서는 '3-MAO(Me As an Observer, 관찰자로서의 나) 코칭'에 대해 소개하고자 한다. 이는 코칭 단계에서 어떤 문제를 종전과는 전혀 다른 관점으로 생각하게 하고, 마음을 내려놓은 상태로 '관찰자의 입장'에서 자신을 바라보게 함으로써, 자기 모습을 좀 더 객관적으로 볼 수 있도록 하는 코칭이다. 그 과정에서 자연스럽게 성찰 및 통찰을 하게 되고, 실행 의지로까지 연결되게 하는 필자의 코칭 방법이다.

1. 3-MAO(Me As an Observer) 코칭의 특징

3-MAO(Me As an Observer) 코칭의 특징은, 코칭 단계에 의도적인 MAO(Me As an Observer, 관찰자로서의 나)를 세 번 삽입한 것으로, 제3자의 입장에서 자신을 좀 더 객관적으로 바라보게 하여, 자신에게 매몰되지 않고 관조적인 상태를 경험하도록 구조화 한 것이다.

사람은 자신에게 함몰될 때, 자기 세계에 갇혀 부정적이거나 사고가 유연하지 못하고, 안목이 좁아질 수 있다. 뿐만 아니라 독선적이고 자만하게 되며, 과거의 방법을 답습하는 경향이 있다. 이런 상황에서는 설사 문제 인식을 하더라도 의지와 무관하게 문제 해결의 효과가 낮거나, 어쩌면 아예 해결되지 못한 상태로 힘들어질 수도 있다. 오히려 남들이 볼 때는 문제가 무엇인지 보이고, 어떻게 하면 개선될지가 쉽게 보일 수 있음에도 불구하고, 당사자는 자신이나 그 상황에 푹 빠져 전혀 알아차리지 못하는 경우이다.

이럴 때는 개선을 위해 의도적으로 한 발 떨어져 제3자의 입장에서 자신을 바라보게 하고, 사고의 전환 및 변화된 행동 적용이 필요하다. 다른 코칭 기관의 코칭에도 이러한 과정이 없는 것은 아니다. 필요한 상황이면 코치가 능숙하게 여러 가지 코칭 스킬과 함께 훌륭히 적용한다.

하지만 필자의 3-MAO(Me As an Observer) 코칭에서는, 코칭 단계에 그것을 의도적으로 삽입했다는 데에 의미가 있다. 코칭은 자신의 가능성과 잠재력을 알고 실행을 통해 변화와 발전을 가져오게 하는 것이 목적이므로, 3-MAO(Me As an Observer)에서는 행동할 당사자의 '관조와 깨우침'을 코칭 과정에서 중요하게 본 것이다. 의도적으로 자기를 볼 수 있는 기회를 제공하고, 그런 눈을 가지게 함으로써, 성찰을 통해 '성징'을 이끌어 내기 위한 구조이다.

코칭 과정 중 세 번의 MAO(Me As an Observer)를 삽입하였는데, 목표와 현실을 인식하고 난 상태에서 첫 번째 MAO(1-MAO), 대안을 탐색하고 실행계획을 세운 후에 두 번째 MAO(2-MAO), 코칭 전체 과정을 마치고 마무리 과정에서 자신을 바라보게 하는 세 번째 MAO(3-MAO)가 있다. 이를 통해 강요하지 않은 상태에서 스스로 자신에 대한 지지, 격려, 응원, 연민, 각오, 의지, 다짐 등이 자연스럽게 이루어지도록 하여 코칭의 효과를 극대화한다.

코칭 경험으로 볼 때, 코칭 단계에 MAO(Me As an Observer) 과정이 있을 때와 없을 때, 또 몇 번의 MAO(Me As an Observer) 기회를 주는지에 따라 자신에 대한 통찰이 크게 달라진다. 이것은 필자가 고객으로서 코칭을 받을 때와, 코치로서 여러 고객을 코칭할 때 동시에 느낀 바이다. 특히 중년 여성들이, 자기만의 테두리를 벗어나지 못하고 남편이나 자녀들과의 갈등상태에서 관찰자로서 자신을 객관적으로 바라볼 기회를 가지고 난 후, 자신과 주변 인물들에 대한 연민과 배려, 희망 등을 주로 이야기하였다.

이러한 경험을 바탕으로, 학교 진로코칭(진로상담)에도 3-MAO(Me As an Observer)를 적용하여 진로코칭(진로상담)을 진행한다.

2. 3-MAO(Me As an Observer) 진로코칭 프로세스

학생들은 진로/진학과 관련하여 진로 문제 고민을 안고, 진로 교사의 도움을 통해 그것을 해결하고자 진로상담실을 방문한다. 학생을 조력하는 시스템은 3-MAO(Me As an Observer) 진로코칭이며, 사전코칭(상담), 본 코칭(상담), 사후코칭(상담)의 과정을 통해 학생의 진로문제를 돕는다.

[그림 2-1]은 3-MAO(Me As an Observer) 코칭의 도식으로, 진로코칭 적용 시 본 코칭(상담)의 세부 단계이며, 이를 적용한 진로코칭(진로상담) 전 과정을 다음에서 소개한다.

[그림 2-1] 3-MAO(Me As an Observer) 코칭 도식

1) 사전 코칭

사전 면담지 작성 → 코칭 대화 설명 → 본 코칭 동의 여부 확인

→ 본 코칭 시간 약속 → 시간관리 및 자기관리 보충 안내

→ 진로 문제 평가 → 진로 유형 분류 → 본 코칭(상담) 구조화

사전 코칭에서는 사전 면담지 작성, 코칭에 대한 일반적 설명, 코칭 동의에 대한 확인 과정을 거친 후, 학생의 진로 유형을 분류한다. 사전 면담지에는 진로코칭을 신청하게 된 동기, 현재 고민 중인 진로 문제,

학생의 니즈(Needs)를 비롯해 진로코칭 방향에 필요한 일반적 정보, 좋아하는 것, 잘하는 것 등의 특성, 희망 진로, 이전 진로코칭 유, 무 등을 기록한다. 교사(코치)는 사전 면담지를 작성하고, 학생에게 코칭 대화에 대해 이해하도록 설명한다. 그리고 사전 코칭에 이어 본 코칭에 응할 것인지의 동의를 구한 다음, 코칭에 대해 구두로 합의한다. 이러한 동의와 합의 과정을 거치면 본 코칭 시간을 약속하고, 시간 관리에 대한 간단한 교육 후 학생은 돌아간다. 다음과 같은 질문을 활용할 수 있다.

▶ **사전코칭(상담)을 위한 질문 청크**

- "진로코칭(상담)을 신청한 동기가 무엇이니?"
- "어떤 도움을 받고 싶니?"
- "너의 진로 고민은 무엇이니?"
- "진로코칭(상담)을 받기로 마음먹은 결정적 계기가 뭐니?"
- "기타 교내활동 이력은 무엇이니?"
- "좋아하는 것과 잘하는 것은 무엇이니?"
- "고등학교나 대학교에 대한 희망에 대해 말해 주겠니?"
- "무엇을 전공하고 싶니?"
- "꼭 도움이 필요한 정보는 무엇이니?"
- "본 코칭(상담) 시간에 네가 꼭 요구하는 것은 무엇이니?"
- "너의 꿈에 대해 부모님은 어떻게 생각하시니?"
- "꿈이 없다면 무엇 때문이니?"

- "너의 진로 문제 해결을 위해서 질문을 중심으로 대화를 이어갈 건데 괜찮겠니?"
- "진로코칭 진행에 동의하니?"
- "스케줄 잊지 말고 다음 본 코칭 시간에 오렴."

※ 예시 질문은 학생이나 자녀 대상의 경우임. 대상에 따라 적절한 변경 필요함.

이후 교사(코치)는 학생과 나눈 이야기를 바탕으로 본질적 문제를 파악하는 것이 중요하다. 그러기 위해서는 진로 문제의 발생 배경을 이해하고 원인을 파악해야 한다. 본 코칭(상담)을 위한 개인적 정보와 자료를 준비하고, 학생의 니즈(Needs)를 고려하여 의미 있는 진로코칭(상담) 전략을 구조화하며, 학생의 진로 유형을 분류한다. 진로 유형 분류는 내담자(학생)별, 또는 진로 문제 내용별로 나눌 수 있다. 내담자별 진로 유형으로는 진로 결정자, 진로 미결정자, 우유부단형으로 구분하고, 진로 문제 내용별로는 구체적 진로 문제를 파악하여, 자기이해 관련, 직업세계 이해 관련, 의사결정 관련, 실행계획 관련 등으로 나누어 볼 수 있다. 이러한 분류를 통해 코칭(상담) 전략과 개입 방향을 수립한다.

① 내담자(학생)별 진로 유형(김봉환 외, 2000)

〈표 2-2〉 내담자(학생)별 진로 유형

진로 유형		특징
진로 결정자 (the decided)	결정–확신	어떤 선택을 했지만 다른 사람들의 선택과 비교함으로써, 선택의 적합성을 확인하거나 명확히 하고 싶어 하는 사람
	결정–실행	어떤 선택을 했지만, 자신의 선택을 이행하는 데 도움을 필요로 하는 사람
	결정–갈등 회피	중요한 타인과의 갈등을 피하기 위해 전략상 우유부단한 진로 결정자
진로 미결정자 (the undecided)	선택 지연–미결정자	어떤 선택을 명시할 수는 없지만, 현재로서는 시기적으로 선택할 필요가 없는 사람
	발달적–미결정자	자기정보, 직업정보, 의사결정 지식 부족으로 선택이 필요하지만 선택할 수 없는 사람
	다중잠재적–미결정자	여러 가지 대안이 있거나, 중요한 타인으로부터 성취에 대한 높은 압력을 받고 있는 미결정자
우유부단형 (the indecisive)		정보나 지식 부족으로 선택을 못 하는 사람, 우유부단함, 불안, 좌절, 낮은 자존감, 쉽게 결정하지 못하는 성격적 특징이 있는 사람. 진로 문제보다는 성격적 특성이 문제임.

② 진로 문제 내용별 진로 유형

황매향(2011)은 청소년들이 주로 호소하는 진로 문제들을 항목별로 제시하였는데, 장래에 대한 무계획 및 인생관 부재, 적성과 소질에 대한 인식 부족, 진로에 대한 정보 부족, 희망과 현실의 괴리, 진로에 대한 두려움이나 압박, 진로에 대한 갈등, 자격증 취득으로 인한 스트레스, 결혼에 대한 고민, 병역에 대한 고민 등이라고 하였다.

실제 학교 현장에서 학생들이 진로상담이나 진로코칭에서 도움을 요청하는 진로 문제의 내용은 다양하지만, 주로 호소하는 내용을 보면, '나는 누구인가?'와 관련하여 자신에 대한 종합적인 특성을 알고자 하는 자기이해 증진, 직업 전망, 되는 방법, 노동시장의 변화 등 직업 세계에 대한 이해 증진, 의사결정과 관련하여 고등학교 및 대학, 학과 선택을 위한 정보 제공 등을 원하는 학생이 대부분이다. 학교 진로상담실에 진로상담(진로코칭)을 신청하는 학생들의 진로 문제들을 보면 다음과 같다.

- "잘하는 게 없어요."– 자기이해 관련
- "좋아하는 게 없어요."– 자기이해 관련
- "꿈이 없어요."– 자기이해 관련
- "꿈이 너무 많아요."– 자기이해 관련
- "꿈이 자주 바뀌어요."– 자기이해 관련
- "진로를 찾고 싶어요."– 자기이해 관련
- "ㅇㅇ직업이 저에게 맞을까요?"– 자기이해, 직업세계 이해 관련
- "ㅇㅇ직업을 가지려면 어떻게 준비해요?"– 직업세계 이해 관련
- "ㅇㅇ직업이 미래에 없어진대요. 걱정돼요."– 직업세계 이해 관련
- "ㅇㅇ직업 전망이 궁금해요."– 직업세계 이해 관련
- "미래에 유망한 직업이 뭐예요?"– 직업세계 이해 관련
- "쉽게 할 수 있는 직업 없을까요?"– 직업세계 이해 관련
- "고등학교나 대학에 관해서 궁금해요."– 의사결정 관련
- "친구가 진로코칭(상담)이 도움 된다고 해서요."– 의사결정 관련

- "부모님이 제 진로에 대해 반대해요. 답답해요."– 의사결정 관련 (진로장벽)
- "학습계획을 어떻게 짜야 할지 모르겠어요."– 학습 방법 관련
- "실천이 잘 안 돼요. 의지가 약해요."– 자기이해, 실행계획 관련
- "진로를 정하긴 했는데, 다음은 어떻게 해야 할지 잘 모르겠어요." – 의사결정 관련
- "행동(습관)을 고치고 싶은데 잘 안 돼요."– 자기이해, 실행계획 관련
- "자신감이 없어서요."– 자기이해 관련
- "○○고등학교 합격할 수 있을까요?"– 의사결정 관련
- "○○고등학교와 ○○고등학교 중에 어디를 선택해야 할까요?" – 의사결정 관련
- "○○대학교에 대해 궁금해요."– 자기이해, 의사결정 관련
- "○○학과에 대해 궁금해요."– 자기이해, 의사결정 관련
- "포트폴리오 관리 방법이 궁금해요."– 자기이해, 실행계획 관련
- "학교 내신관리를 어떻게 해야 할까요?"– 자기이해, 학습방법, 실행계획 관련
- "다양한 형태의 일기 쓰기가 궁금해요."– 자기이해, 실행계획 관련
- "고입/대입 전형, 자소서 방법이 궁금해요."– 의사결정, 실행계획

2) 기대목표

기대목표 단계는 학생과 진로코칭(상담)에서 논의할 주제나 이슈

를 확인하고, 코칭(상담)을 통해 기대하는 목표 등에 대해 교사(코치)와 학생이 서로 합의하는 과정이다. 여기에서 필요한 교사(코치)의 구체적인 일을 살펴보면 다음과 같다.

첫째, 편안하게 이야기할 수 있도록 학생이 어떤 사람인가에 대한 순수한 관심을 드러내고, 적극적으로 경청하며 신뢰 관계를 형성한다. 학생이 '어떤 사람인가?'에 대한 순수한 호기심은 교사(코치)가 학생을 이해하도록 도와주며, 학생으로 하여금 자신의 목표, 기대, 생활방식, 가치관, 느낌, 관계 등에 대한 생각을 할 수 있도록 자극한다. 다만, 학생에 대한 호기심을 가지고 질문할 때 주의할 점은, 교사(코치) 개인적 관심이나 학생이 민감하게 여길 만한 질문은 피해야 한다. 다음과 같은 질문을 활용해 볼 수 있다.

▶ **학생 이해를 위한 질문 청크**
- "네가 가장 좋아하는 색깔은 무엇이니?"
- "아침형 인간과 저녁형 인간 중에 너는 어디에 속하니?"
- "너의 요즘 관심사는 무엇이니?"
- "네가 흥미를 느끼는 것은 어떤 것이니?"
- "너는 여가에 주로 무엇을 하며 시간을 보내니?"
- "처음 보는 사람과 주로 어떻게 대화를 시도하니?"
- "너의 학습 방법은 주로 무엇이니?"
- "학교에서 어떤 과목을 좋아하고, 싫어하니?"

- "어떤 이야기 주제가 재미있니?"

- "좋아하는 책이나 영화는 무엇이니?"

- "네가 좋아하는 위인은 누구니?"

- "어떤 성격의 사람을 좋아하니?"

- "주변 사람들에게서 주로 듣는 말은 무엇이니?"

- "네가 지금까지 말할 것 중에서 무엇을 가장 중요하게 생각하니?"

- "너와 자주 이야기하는 사람(친구)은 누구니?"

※ 예시 질문은 학생이나 자녀 대상의 경우임. 대상에 따라 적절한 변경이 필요함.

둘째, 교사(코치)는 질문을 통해 학생이 코칭(상담)에서 구체적으로 다루게 될 이슈와 진로 문제를 구체화하도록 해야 한다. 교사(코치)의 질문으로 학생은 코칭(상담) 주제와 관련하여 그의 생각과 느낌을 정리하고, 이 과정을 통해 코칭(상담) 주제에 대해 명확하고 분명히 하게 된다. 이때 코칭(상담) 주제를 학생의 입을 통해서 말하도록 하는 것이 중요하며, 교사(코치) 자신이 정한 주제로 코칭(상담)을 진행하도록 지시하지 않는다. 질문들을 통해 학생이 코칭(상담)에서 무엇을 원하고, 무엇을 성취하고자 하는지, 코칭(상담)을 진행할 준비가 되어 있는지를 알 수 있다. 다음과 같은 질문을 활용해 볼 수 있다.

▶ **이슈 및 진로 문제 구체화를 돕는 질문 청크**

- "무엇에 대해서 이야기하고 싶니?"

- "어떤 도움을 받고 싶은 거니?"

- "그 문제가 핵심이라고 보는 이유는 무엇이니?"

- "너의 고민의 열쇠는 무엇이라고 보니?"

- "무엇이 가장 궁금한 거니?"

- "가장 해결하고 싶은 것은 무엇이니?"

- "좀 더 초점을 맞추고자 하는 내용은 무엇이니?"

- "그것을 좀 더 구체적으로 이야기해 주겠니?"

- "무엇을 해결하고자 하니?"

- "오늘 코칭(상담)에서 무엇을 얻기를 바라니?"

- "너의 무엇이 달라지기를 원하니?

- "무엇을 중점적으로 이야기하고 싶니?"

- "그것을 해결하는 것이 네게는 얼마나 중요한 거니?"

- "그것이 해결된다면 너의 생활에 어떤 영향이 있겠니?"

- "언제부터 그런 고민을 한 거니?"

※ 예시 질문은 학생이나 자녀 대상의 경우임. 대상에 따라 적절한 변경이 필요함.

셋째, 교사(코치)는 질문을 통해 학생이 코칭(상담)을 모두 마쳤을 때 도달하고자 하는 목표, 희망과 비전을 구체화하도록 도와주어야 한다. 이것은 학생의 막연한 목표를 구체화하게 하여, 코칭(상담)을 통해 어떤 사람이 되고 싶은지와, 꿈과 비전을 파악하는 데 도움을 준다. 뿐만 아니라 이 과정에서 기대목표와 현실 사이의 차이(gap)를 발견하고 인식하게 되면서 문제 해결에 대한 자극을 받게 된다. 다음과 같은 질문을 활용해 볼 수 있다.

▶ 기대목표 구체화를 위한 질문 청크

· "너의 궁극적 삶은 어떤 것이니?"

· "네가 정말 바라는 것은 무엇이니?"

· "오늘 코칭(상담)과 너의 삶의 모습과는 어떤 관계가 있니?"

· "코칭(상담)을 모두 마쳤을 때 너는 어떤 모습일 것 같니?"

· "목표가 달성되었다는 것을 무엇을 보면 알 수 있겠니?"

· "구체적으로 무엇이 달라지기를 기대하니?"

· "네가 달라진 후 너의 모습을 이야기해 보겠니?"

· "코칭(상담)이 끝났을 때 너의 변화는 무엇이니?"

· "코칭(상담) 전과 후는 어떻게 다를 것 같니?"

· "목표를 달성한다는 것이 너에게 얼마나 중요한 것이니?"

· "목표가 달성된다면 너의 삶은 어떻게 달라질 것 같니?"

· "목표 달성이 너의 삶에서 어떤 영향을 주겠니?"

· "너의 기대목표를 생각하면 어떤 생각이 드니?"

· "코칭(상담)이 만족스럽다면 네가 어떻게 변하게 될 것 같니?"

· "코칭(상담) 과정에서 꼭 얻고자 하는 것이 무엇이니?"

※ 예시 질문은 학생이나 자녀 대상의 경우임. 대상에 따라 적절한 변경이 필요함.

3) 현실 인식

현실 인식 단계에서는 학생의 내적·외적 환경이나 처한 현재 상태를 인식하고, 객관적으로 파악할 수 있다. 기대목표와 관련하여 현재 상황을 알고 점검하도록 도와주는 과정이다. 이런 과정을 통해 코칭(상담) 주제를 둘러싸고 있는 개인의 배경, 여러 환경, 느낌, 생각, 현상, 경험, 사건 등을 알게 되고 학생을 한층 더 이해할 수 있게 된다. 학생은 기대목표와 현재 자신의 모습이 얼마나 차이가 있는지, 무엇이 목표 달성을 어렵게 만드는 원인인지, 과거에는 어떤 시도를 해 보았는지, 자신의 문제가 무엇과 또는 누구와 연관되어 있는지 등에 관해 생각해 보게 된다. 다음과 같은 질문을 활용해 볼 수 있다.

▶ **현실 인식을 위한 질문 청크**

· "너의 현재 상황은 어떠니?"

· "현재 상태를 너는 어떻게 보고 있니?"

· "너에게 도움이 될 만한 것은 무엇이니?"

· "현재 상태에서 목표를 볼 때 어떤 마음이니?"

· "그것을 좀 더 구체적으로 말해 주겠니?"

· "상황을 이해할 수 있도록 설명해 주겠니?"

· "현재를 바라볼 때 어떤 느낌이 드니?"

· "이런 상황에 대한 고민을 언제 또 해 보았니?"

· "현재 상태에서 네가 가장 달라지기를 바라는 것은 무엇이니?"

· "너에게 방해가 되는 요소는 무엇이니?"

· "원인이 무엇이라고 생각하니?"

· "목표와 관련하여 시도해 본 경험은 어떤 것이 있니?"

· "그것은 누구와 관련되어 있니?"

- "문제와 관련된 현재 환경을 설명해 주겠니?"

- "너에게는 어떤 것이 더 중요하니?"

※ 예시 질문은 학생이나 자녀 대상의 경우임. 대상에 따라 적절한 변경이 필요함.

현실의 자신에 대한 정확한 인식 없이, 상황을 충분히 고려하지 않고 문제 해결을 위한 변화를 시도하는 것은, 문제 해결에 있어서 사상누각(沙上樓閣)과 같다. 따라서 학생의 현실 파악을 위한 코치의 강력한 질문은, 학생으로 하여금 자신과 얽혀 있는 복잡한 환경을 냉정하게 살펴보게 하는 데 도움이 된다.

4) 1-MAO(Me As an Observer)

1-MAO(Me As an Observer)는 MAO의 첫 번째 단계로, 기대목표와 현실 간의 차이를 인식하고 있는 학생 자신의 모습을, 관찰자가 되어 관조적이고 객관적으로 바라보게 하는 것이다. 그 차이가 얼마나 되는지 구체적으로 알게 하며, 그럼에도 불구하고 코칭을 통해 목표를 달성해 보고자 마음먹은 자신을 바라보게 한다. 문제 상황에 빠져 있는 자신을 한 발 떨어져서 조망하게 함으로써 문제 해결의 의지와 성찰을 가능하게 하고, 스스로 격려하고, 연민하며, 지지하는 마음을 갖도록 돕는다. 교사(코치)는 질문을 통해 학생의 목표와 현실 간의 차이를 발견하고 현실 상황 및 환경에 대해 인식하게 한다. 다음과 같은 질문을 활용해 볼 수 있다.

▶ 1-MAO를 위한 질문 청크

- "목표와 현실의 차이를 바라볼 때 어떤 느낌이 드니?"

- "네가 보는 너는 지금 어떤 생각을 하고 있니?"

- "그럼에도 불구하고 그것이 왜 중요하니?"

- "너에게 칭찬하고 싶다면 해 보겠니?"

- "네가 마음을 비웠다는 것을 무엇을 보면 알 수 있니?"

- "문제 안에서 너를 보는 것과 문제 밖에서 보는 것의 차이는
  무엇이니?"

- "목표와 현실의 차이를 1부터 10까지 숫자로 표현해 보겠니?"

- "이렇게 널 바라보는 경험이 너에게 어떤 영향을 주니?"

- "이 경험이 무엇을 달라지게 할 수 있을 거라고 보니?"

- "네가 보고 있는 네 모습에서 느껴지는 에너지를 말해 주겠니?"

- "너에게 어떤 응원의 말을 하고 싶니?"

- "앞으로 어떤 상황에 응용해 볼 수 있겠니?"

- "목표를 이룬 '미래의 나'는 '현재의 나'와 무엇이 어떻게 다르니?"

- "과거에 성공했던 경험은 무엇이니?"

- "지금 너의 모습을 자연에 비유해 본다면, 무엇에 비유해 볼 수
  있겠니?"

※ 예시 질문은 학생이나 자녀 대상의 경우임. 대상에 따라 적절한 변경이 필요함.

5) 대안 탐색

대안 탐색 단계는 기대목표 달성을 위해 변화와 발전을 가져올 수 있는 여러 가지 다양한 방안을 찾아보는 과정이다. 브레인스토밍 기법처럼 확산적 사고를 통해 문제 해결에 도움이 될 만한 해결방안을 생각하게 하고, 학생의 입을 통해 스스로 말하게 한다. 교사(코치)는 통찰이 가능한 강력한 질문을 함으로써 학생이 과거에 시도해 본 것은 물론이고, 여러 가지 제약으로 시도하지 못한 방안, 시도는 하지 않았지만 알고 있는 방안, 책이나 주변에서 들어 본 방안, 지금까지 전혀 시도해 보지 않았던 새로운 방안까지, 학생이 다양하게 해결방안을 제시해 볼 수 있도록 사고의 전환을 돕는다. 그리고 제시한 방안들의 실행 가능성을 타진해 보고, 함께 긍정적 자원 및 장애 요인을 비교해 본다. 또한 장·단점을 생각해 보고, 수렴적 사고를 통해 시도해 볼 방안의 우선순위를 정한다. 이 과정에서 학생은 다양한 해결방안을 제시한 자신에게 놀라게 되고, 시도를 위한 의사결정을 자극하여 실행 효과를 높일 수 있다. 다음과 같은 질문을 활용해 볼 수 있다.

▶ **대안 탐색을 위한 질문 청크**
- "네 생각에는 어떻게 해 보면 좋겠니?"
- "새롭게 시도해 볼 방안에는 무엇이 있을까?"
- "그중에서 어떤 것이 가장 효과적인 방법이라고 생각하니?"
- "너에게 어떠한 제약도 없다면, 무엇을 시도해 보고 싶니?"

- "너와 가장 친한 친구라면 어떤 방안을 제안하겠니?"
- "네가 존경하는 위인이라면 뭐라고 말하겠니?"
- "가장 먼저 해 보고 싶은 것은 무엇이니?"
- "우선순위를 정할 때 무엇을 중요하게 생각하니?"
- "한 번도 해 보지 않은 방법 중에서 해 볼 수 있는 것은 무엇이 있겠니?"
- "안될 것 같아서 시도하지 않은 것은 무엇이니?"
- "이 방안을 시도하는 데 긍정적 자원은 무엇이니?"
- "비슷한 대안으로 성공했던 것들은 무엇이니?"
- "전혀 새로운 시도는 무엇이 있을까?"
- "긍정적 자원이나 장애 요소가 있다면 무엇이니?"
- "너의 힘으로 변화시킬 수 있는 것은 무엇이 있겠니?"

※ 예시 질문은 학생이나 자녀 대상의 경우임. 대상에 따라 적절한 변경이 필요함.

이 과정에서 학생이 스스로 문제 해결의 대안을 찾지 못하거나, 대안에 대한 사고가 유연하지 못하고 여러 가지 잡념이 있는 경우, 또는 교사(코치)가 답을 주기를 원하는 태도의 학생이 있을 수 있다. 질문에 대해 자꾸 모르겠다고 하거나, 생각을 싫어하는 학생은 교사(코치)를 당황하게 한다. 이때 교사(코치)는 어떻게 해야 하는가? 정답은 없으나, 다행히 학생이 한 가지라도 대안을 발했다면, 그것을 잘 실행하도록 지지하고 격려하는 것이 좋다. 대안을 위한 다른 질문을 몇 번씩 해도 대답을 어려워하는 학생은 다음 회기까지 생각해 보도록 권유하거나 과제를 제시하는 방법도 있다.

혹시 코칭(상담) 주제가 교사(코치) 자신의 전문 분야인데, 학생이 다양한 대안을 말하지 못하고 어려워할 경우, 교사(코치)가 방안을 제시해 봐도 되는지 학생의 생각을 물어본 후, 조심스럽게 제안해 볼 수 있다.

6) 실행계획

실행계획 단계는 앞 단계에서 여러 가지 대안 중 우선순위를 매긴 한두 가지의 대안에 대해 구체적인 행동 및 실행계획을 세우고, 실제 행동으로 옮기는 실천 의지를 다져 직접적인 변화를 이끌기 위한 과정이다. 학생이 목적지에 도착하기 위해 어떤 방법으로 어떻게 행동할 것인지를 자극해야 한다. 지금까지의 코칭 과정에서 목표를 정하고, 1-MAO 성찰을 통한 의미도 찾아 방안도 제시했지만, 구체적인 실행계획이 미흡하다면 공든 탑이 무너질 수도 있다. 학생은 자신이 처한 현재 상황에서 가장 최선의 현실적 방법을 찾고, 목표 달성을 위한 구체적인 행동지침을 갖게 된다. 그리고 자신이 세운 실행계획을 잘 실천한다면 목표를 이룰 수 있다는 기대와 설렘을 갖고 실천 의지를 다지게 된다. 이 단계에서 다음과 같은 질문을 활용해 볼 수 있다.

▶ **실행계획을 위한 질문 청크**
- "그것을 어떤 방법으로 실행할 생각이니?"

- "그것은 언제부터 어떻게 시작할 거니?"
- "네가 실행한다는 것을 어떤 것을 보면 알 수 있겠니?"
- "이것을 실행하는 데 어떤 장애물이 있겠니?"
- "장애물을 극복하기 위해 누구의 도움이 필요하겠니?"
- "도움을 어떻게 요청할 생각이니?"
- "실행을 관리하는 방법에는 어떤 것이 있을까?"
- "실천을 위해 더 작은 계획은 무엇이니?"
- "이 계획은 언제까지 실천할 생각이니?"
- "너의 실천을 이끄는 원동력은 무엇이니?"
- "이런 실행이 잘 이루어진다면 네 생활이 어떻게 달라지겠니?"
- "실천 의지가 약해진다면 해결을 위해 무슨 생각을 하겠니?"
- "이것을 실행하는 데 너의 내부 자원은 무엇이니?"
- "너의 실천으로 삶에 어떤 영향을 미치겠니?"
- "실천을 위해 가장 중요한 것은 무엇이니?"

※ 예시 질문은 학생이나 자녀 대상의 경우임. 대상에 따라 적절한 변경이 필요함.

7) 2-MAO(Me As an Observer)

2-MAO(Me As an Observer)는 MAO의 두 번째 단계로, 기대목표와 현실 간의 치이를 인식하고, 그 문제 해결을 위한 대안들을 찾았으며, 대안들의 장·단점 및 긍정적 자원과 장애 요인을 비교하여 우선순위를 정하고, 그 대안에 대한 실행계획까지 세운 자신을 관찰자로

서 의도적으로 바라보게 하는 과정이다. 교사(코치)는 질문을 통해 학생의 문제 해결을 위한 자존감과 자신감을 돕고, 대안과 실행계획을 다시 점검하게 함으로써, 실천 의지를 독려하는 학생 자신을 발견하도록 기대하고 조력한다. 다음과 같은 질문을 활용해 볼 수 있다.

▶ 2-MAO를 위한 질문 청크

- "실천하고자 하는 너의 의지를 한 단어로 말해 보겠니?"
- "계획을 실행하는 것이 너에게 또 다른 의미가 있다면 무엇이니?"
- "너를 행동하게 하는 원동력은 무엇이니?"
- "너를 보면 지금 어떤 마음이 드니?"
- "지금의 모습이 미래의 너의 모습에 어떤 영향을 주니?"
- "계획대로 잘 실천이 된다면 너의 어떤 점이 변화될 것 같니?"
- "그것은 네 인생의 큰 그림과 어떤 관계가 있니?"
- "실행계획이 순조롭게 진행된다면 생각할 수 있는 미래의 네 모습은 무엇이니?"
- "1년 후의 너의 모습은 어떨 것 같니?"
- "목표가 이루어진다는 것은 너에게 어떤 의미가 있니?"
- "실행계획까지 말한 너를 보면 어떤 느낌이 드니?"
- "실행계획을 바라볼 때 드는 느낌은 무엇이니?"
- "계획대로 실천하고 있는 자신에게 관찰자로서 한 마디 응원해 보겠니?"
- "계획대로 실천한 자신의 모습을 상상하고 격려를 해 보겠니?"

・"너는 너를 얼마나 소중한 사람이라고 생각하니?"

※ 예시 질문은 학생이나 자녀 대상의 경우임. 대상에 따라 적절한 변경이 필요함.

8) 책무 형성

책무 형성 단계는 학생의 문제 해결을 위해 실행계획이 잘 실천될 수 있도록 학생을 지지하고 격려한다. 그리고 교사(코치)와 학생이 성장을 바라보면서 함께 걸어가는 2인 3각 게임으로, 실천 의지를 더욱 견고하게 하고 공적인 약속 관계로 묶는 과정이다. 변화를 위한 행동에 대해 긍정적인 결과는 지지하고 축하하면서 계속하도록 격려한다. 만일 목표에 도달하지 못한다면 그 원인을 파악하고 계획을 수정할 수 있는 방법을 지원한다. 이 과정에서 학생은 실행계획을 되새기게 되고, 실천 의지를 돈독히 하며, 교사(코치)의 도움이 필요하면 도움을 요청할 수도 있다. 이를 통해 교사(코치)가 학생의 성장을 진정으로 바라고 함께하는 파트너라는 생각을 더욱 공고히 할 수 있게 될 것이다. 다음과 같은 질문을 활용할 수 있다.

▶ **책무 형성을 돕는 질문 청크**
・"네가 세운 계획을 잘 실행하고 있다는 것을 내가 어떻게 알 수 있을까?"
・"너의 실행을 위해 내가 무엇을 도와줄까?"
・"우리가 함께 약속할 수 있는 것은 무엇이겠니?"

- "너의 실행을 위해 내가 너에게 어떤 약속을 해 주면 좋겠니?"
- "너의 실천 의지가 약해지려는 신호는 무엇일 것 같니?"
- "그러한 신호를 감지한다면 너는 어떻게 대처하겠니?"
- "너의 실천을 위해 가족 중에서 누구의 도움이 가장 절실하니?"
- "네 주변 환경에서 실천에 도움이 될 긍정자원은 무엇이니?"
- "네 주변 환경에서 실천을 방해하는 요소는 무엇이니?"
- "지금까지 그런 장애를 극복한 사례는 무엇이니?"
- "그 방해요소를 제거하는 방법은 무엇이니?"
- "무엇을 어떻게 하기로 했는지 말해 보겠니?"
- "너의 실천을 유지하기 위해 어떤 특별한 방법을 사용해 보겠니?"
- "무엇이 너의 실천 의지를 독려할까?"
- "가장 먼저 무엇을 해 보겠니?"

※ 예시 질문은 학생이나 자녀 대상의 경우임. 대상에 따라 적절한 변경이 필요함.

9) 3-MAO(Me As an Observer)

3-MAO 단계는 학생과 함께 합의했던 코칭 목표 달성에 대해서 확인하고 점검한다. 학생으로 하여금 코칭의 전(全) 과정을 순조롭게 마치고 성장의 시동을 걸기 시작한 자신을 객관적으로 바라볼 수 있도록 기회를 제공하는 과정으로, 본 코칭(상담)의 마지막 단계이다. 교사(코치)는 질문을 통해 코칭 전·후 학생의 달라진 문제 인식, 마음가짐, 태도, 표정, 사고, 에너지 등 새롭게 배운 것과 코칭(상담)목표 달성 및

변화된 것에 대해 발견할 수 있도록 개입한다. 그리고 성장과 발전에 대한 의견을 나눈다.

이를 통해 학생은 코칭 전·후 자신의 달라진 점이 무엇인지를 생각해 보게 된다. 또 자기 내면의 잠재 가능성을 믿고, 실천할 수 있으리라는 자신감과 함께 목표를 이룬 미래 자신의 긍정적 모습을 그리게 될 것이다. 그래서 궁극적으로는 셀프코칭(self-coaching)이 가능하도록 하여, 스스로 성장하고 발전할 수 있는 단계로 이어지도록 하는 것이다. 다음과 같은 질문을 활용할 수 있다.

▶ 3-MAO을 위한 질문 청크

- "코칭(상담)의 목표와 실행계획이 무엇이었는지 말해 주겠니?"
- "코칭(상담)을 시작할 때의 감정과 지금의 느낌은 어떤지 말해 보겠니?"
- "코칭(상담) 과정에서 감정 변화가 있었다면 무엇 때문이라고 생각하니?"
- "코칭(상담) 과정을 통해 새롭게 알게 되거나 깨달은 것은 무엇이니?"
- "코칭(상담) 전·후 너의 모습은 무엇이 어떻게 다른 것 같니?"
- "코칭(상담)의 전(全) 과정을 요약하고 있는 너를 보면서 어떤 생각이 드니?"
- "코칭(상담)을 시작할 때와 코칭이 끝난 지금은 너의 에너지가 어떻게 다르니?"

- "코칭(상담)의 전 과정을 마친 너에게 격려와 지지의 말을 한마디 해 주겠니?"
- "코칭(상담)에서 결정한 너의 선택은 무엇이었니?"
- "너의 선택이 얼마나 합리적이라고 생각하니?"
- "목표가 이루어진 너의 미래 모습의 한 장면을 말해 보겠니?"
- "상상하는 미래의 장면을 말하는 너를 보면 어떤 느낌이 드니?"
- "이번 코칭(상담)이 너의 삶에 어떤 역할을 할 것으로 보이니?"
- "코칭(상담) 과정에서 얻은 것을 너의 생활 어디에 또 적용해 볼 수 있겠니?"
- "너의 달라진 모습을 보고 가까운 주변 사람들이 너에게 뭐라고 말할 것 같니?"

※ 예시 질문은 학생이나 자녀 대상의 경우임. 대상에 따라 적절한 변경이 필요함.

10) 추후 코칭

종결 후에도 학생이 코칭을 원하면 언제든지 다시 만날 수 있다는 점을 알려 준다. 학생의 지속적 성장을 조력하는 차원에서 추후 코칭은 필수적이다. 이는 코칭 후에 학생의 진로 선택과 의사결정에 대해 만족감이 유지되는지 확인하는 과정이며, 필요시에는 종결 시점의 진로선택과 의사결정이 지속되도록 지도할 수 있다. 다음과 같은 질문을 활용할 수 있다.

▶ 추후 코칭을 위한 질문 청크

· "진로코칭(상담) 이후 요즘 혹시 또 필요한 도움은 무엇이니?"

· "진로코칭(상담) 시 너의 결정에 대해 지금은 어떤 생각이니?

· "그때와 비교하여 다른 변화가 있다면 무엇이니?"

· "실행이 잘 유지되고 있는지 궁금한데, 어떠니?

· "도움이 필요하면 다시 만날 수 있으니 언제든지 찾아오렴."

※ 예시 질문은 학생이나 자녀 대상의 경우임. 대상에 따라 적절한 변경이 필요함.

〈표 2-3〉 3-MAO(Me As an Observer) 진로코칭 과정 요약

과정	주요 내용
사전 코칭	사전 면담지 작성, 코칭 설명, 코칭 동의, 역할 합의, 본 코칭 시간 확정, 내담자 분류, 코칭 구조화
⇩	
기대목표	논의할 코칭 주제나 이슈 확인(신뢰 관계 형성, 진로 문제 구체화, 기대목표 및 희망과 비전을 구체화하도록 조력)
⇩	
현실 인식	기대목표와 관련하여 학생의 내적·외적 환경이나 처한 현재 상태를 인식하고, 객관적으로 파악 및 점검하도록 도움.
⇩	
1-MAO	학생의 목표와 현실 간의 차이 발견과 현실 상황 및 환경에 대한 인식을 도움.
⇩	
대안 탐색	기대목표 달성을 위해 변화와 발전을 가져올 수 있는 여러 가지 다양한 방안을 찾도록 함. 대안들의 장·단점 비교 분석, 내적·외적 자원 발견, 장애 요인과 극복 방안 탐색
⇩	
실행계획	대안에 대해 구체적인 행동 및 실행계획을 세우기. 실제 행동으로 옮기도록 실천 의지를 다짐. 직접적인 행동 변화를 이끌어 냄. 학생의 목적지 도착을 위해 방법과 행동 방안 자극
⇩	
2-MAO	학생의 문제 해결을 위한 자존감과 자신감을 도움. 대안과 실행계획을 다시 점검하게 함. 실천 의지를 독려하는 학생 자신의 모습을 발견하도록 도움.
⇩	
책무 형성	문제 해결을 위한 실행계획이 잘 실천되도록 지지, 격려함. 의지를 더욱 견고하게 하는 공적인 책무 형성
⇩	
3-MAO	상담 목표 달성 확인 및 검토. 코칭 전·후 학생의 달라진 문제 인식, 마음가짐, 태도, 표정, 사고, 에너지 등을 발견할 수 있도록 조력
⇩	
추후 코칭	내담자의 진로 선택과 의사결정에 대한 만족감 유지 확인, 필요시 종결 시점의 진로 선택과 의사결정에 대한 지속적 지도

4장

질문으로 리드하는 진로코칭

1. 질문의 특별한 힘

질문은 어떤 힘을 가지고 있을까?

세상의 발명이나 발견 혹은 이론은 질문이 사고를 자극한 결과물이다. "새처럼 날 수는 없을까?", "왜 사는가?", "좀 더 편하게 살 수는 없을까?" 이처럼 사소한 호기심에서 시작된 질문이 없었다면 빛을 보지 못했을 수많은 것들이 우리 주위에 가득하다. 보다 나은 질문을 하면 보다 나은 대답이 나오고, 보다 나은 대답을 하면 보다 나은 해결책이 나온다(도로시 리즈, 2002).

도로시 리즈(2002)는 질문에 7가지 힘이 있다고 하였다. 첫째, 질문을 하면 답이 나온다. 둘째, 질문은 생각을 자극한다. 셋째, 질문을 하면 정보를 얻는다. 넷째, 질문을 하면 통제가 된다. 다섯째, 질문은 마음을 열게 한다. 여섯째, 질문은 귀를 기울이게 한다. 일곱째, 질문에 답하면 스스로 설득이 된다.

코칭의 핵심 기능 중 하나는 코칭 고객이 새로운 관점에서 자신을 돌아보도록 하는 것이다. 그것은 자신이 다른 사람에게 어떤 영향을 미치는지 인식하는 것이거나, 또는 자신의 상황을 전체적으로 조망하고 전망하는 것이다. 그리고 때로는 자신이 어떤 상태에 있고, 무슨 생각을 하며, 느낌은 어떠한지, 무엇을 원하는지에 대해 자신과 친밀한 대화를 나누는 것이다. 이때 필요한 코칭 스킬이 바로 '질문'이다.

질문은 평소 외부로 향해 있던 의식의 화살을 자기 내부로 향하도록 바꾸는 힘을 가지고 있다. 따라서 코치가 해야 할 일은 질문을 통해 코칭 고객으로 하여금 평소 생각하지 못했던 것을 깨닫게 하고, 새롭게 생각하도록 돕는 것이다. 생각한다는 것은 의식의 화살표를 잠재의식이 있는 곳으로 향하게 하여 그 깊은 곳에 있는 해답을 찾는 과정이다. 코치의 적절한 질문으로 코칭 고객은 자신의 잠재의식 속을 마음껏 여행하면서 자기 내부의 힘과 가능성을 발견한다. 그 잠재력을 원천으로 문제 해결의 답을 찾고, 자기가 만들어 놓은 한계선을 제거하여 스스로 목표를 향해 갈 수 있도록, 질문의 강력한 힘을 코칭에서 활용한다.

2. 진로코칭, 질문으로 시작하여 질문으로 마무리하라

진로코칭(상담)에서 질문의 힘은 생각하게 하고, 깨닫게 하며, 정보를 얻게 하고, 대화를 이어가게 한다.

질문이 생각하게 한다는 것은 우리의 경험에서도 알 수 있다. 누구로부터 질문을 받으면 어떠한가? 우리는 생각(사고)하고 머릿속에서 정리를 거쳐 대답을 하게 된다. 다만 그 과정이 너무 빨라 알아차리지 못할 뿐이다. 이와 같은 질문에는 그냥 반사적으로 대답이 나오게 하는 질문이 있는가 하면, 좀 더 깊이 생각해야 대답할 수 있는 질문이 있다.

질문을 하게 되면 또 어떠한가? 눈에 보이지는 않지만, 마찬가지로 상대는 내 질문에 답하기 위한 생각을 하게 될 것이다. 설사 질문에 대한 답을 못하거나, 하지 않더라도 뇌는 보이지 않는 속에서 계속 움직이고 있다. 평소 사람들과의 대화 가운데 오래 기억되는 질문을 경험한 적이 있는가? 이는 질문이 생각을 자극하고 유도하는 것이라는 증거이다. 따라서 의미 있는 코칭(상담)과 일상 대화, 밀도 있는 수업과 강의를 원한다면 적절한 시점에서 효과적인 질문을 해 주는 것이 필요하다.

또한 질문은 대화를 이어가는 매개이다. 우리의 대화는 서술하거나 질문하는 것으로 이어진다. 질문 없이 서로 서술만 한다면 지루한 대화가 될 것이고, 어느 한쪽의 일방적인 대화가 될 가능성이 있으며, 대화가 금방 끝나 버릴 수도 있다. 진정으로 상대를 알아 가고 도움을 주고자 하는 코칭대화에서는 더욱더 그렇다.

더불어, 질문을 통해 필요한 정보를 얻거나 교환하며, 조력을 구할 수도 있다. 질문은 진로코칭을 지루하지 않게 이어 가면서 코칭 고객에게 필요한 정보를 안내할 수 있도록 도와준다. 이러한 질문의 힘을 생각해 볼 때, 질문은 진로코칭에서 문제 해결을 돕는 데 매우 중요한 역할을 한다. 따라서 코치의 효과적인 질문 역량이 필요하다.

누군가로부터 질문을 받는다면 뇌는 답을 찾는 활동을 시작하고, 사고 과정을 거치면서 질문이 뇌를 깨운다. 더군다나 이전에 한 번도 받아 보지 못한 질문이나 삶의 궁극적 의미와 가치를 물어보는 질문, 즉답이 어려울 정도의 깊은 생각이 필요한 질문이라면 더더욱 그렇다. 따라서 대답하는 사람의 내면을 자극하기 위해서는 어떤 질문을 어떻게 하느냐가 중요하다.

학교 현장에서 대부분의 학생은 자신의 주장이나 생각을 표현하고 상상력을 동원하여 대답하는 것에 익숙하지 않다. 단답형이나 몇 가지 예문 중에 어느 하나를 고르는 것에 길들여진 탓이다. 바꾸어 말하면, 학생들의 주변 환경이 그런 질문을 많이 해 왔다는 것이며, 그것은 그들이 지닌 상상력을 자극하고 무한한 가능성을 묻는 질문이 아니었음을 짐작할 수 있다. 그동안 가정에서는 부모가, 학교에서는 교사가, 자녀 혹은 학생에게 자신들이 생각한 대로 움직여 줄 것을 강요하지는 않았던가? 그 결과 스스로 생각하는 것을 어려워하는 사람을 양산한 것은 아닌가? 중요한 타인들이 바람직한 좋은 질문을 위한 노력을 간과하고 있지는 않는가? 이제는 바뀌어야 한다. 학생이 필요할 때마다 부모나 교사의 해답만을 기다린다면, 그 학생의 잠재 능력은 영원히 깊은 잠에서 깨어날 수 없다. 그것을 깨우는 것이 바로 코치(교사)의 질문이다.

학생들은 자신의 미래 비전을 제시하며, 긍정적 미래를 상상하고 표현하는 것에 어려움을 느낀다. 자신에 대한 즐거운 미래를 상상하는 것이 쉽지 않고, 뚜렷한 목표가 없다면 공부를 해야 할 이유나 필요성에 대해서도 진정 고민하지 않게 된다. 그들의 행복한 인생을 위해서 아이들이 스스로 움직이게 하고 싶다면, 이제는 그들의 뇌를 깨우는 질문을 해 보아야 한다. 즉, 그들의 미래와, 그들이 하고 싶은 것에 대해 진지하고 적절한 질문을 하는 것이다. 가정에서는 부모, 학교에서 교사가 적절하고 효과적인 질문을 함으로써 자녀와 학생이 스스로 진로에 대해 생각하도록 도울 수 있다.

이러한 질문을 매개로 학생들이 삶의 가치와 의미를 발견하도록 하는 것이 바로 '진로코칭(상담)'이어야 한다. 질문으로 시작해서 질문으로 마무리하는 진로코칭(상담)이란, 처음부터 끝까지 학생들의 사고를 자극하고 이를 통해 깨달음과 통찰을 유도하는 것이다. 그리하여 궁극적으로는 셀프코칭이 가능하도록 해야 한다. '진로코칭(상담) 과정에서 무엇을 기대합니까?', '기대목표가 무엇입니까?', '무엇을 도와주길 바랍니까?', '무엇을 도와주면 목표에 도움이 되겠습니까?' 등으로 시작해서, 단계마다 코치(교사)가 적절한 질문을 함으로써 학생이 스스로 생각할 수 있도록 자극하고, '진로코칭(상담)이 어떤 도움이 되었습니까?', '어떤 도움이 더 필요합니까?', '무엇을 새롭게 알게 되었습니까?' 등으로 마무리하면서 문제 해결을 도와주어야 한다. 그래서 코칭 고객(학생)들이 자신의 내부에 있는 해답을 스스로 찾도록 조력하는 것이다.

코칭 고객(학생)들은 무엇을 할지, 어떻게 할지, 언제 할지, 어디로

가야 할지 등 코치(교사)가 답을 제시해 주기를 바랄 것이다. 하지만 좋은 코치(교사)는 생각을 자극하는 정곡을 찌르는 질문으로, 짧게는 며칠 후, 길게는 몇 년 후의 목표와 비전을 발견하도록 돕고, 잠재력을 알게 하는 계기를 제공한다.

3. 진로코칭에서 효과적인 질문하기

진로코칭에서 필요한 효과적 질문이란, 개방 질문, 긍정 질문, 확대 질문, 미래 질문, 발견 질문, 의미 질문, 강력한 질문이다. 즉, 닫힌 (폐쇄) 질문보다는 개방 질문을, 부정적인 질문보다는 긍정의 질문을, 특정 질문보다는 확대 질문을, 과거 질문보다는 미래 질문을 사용하는 것이 좋다. 이들은 모두 가치와 잠재력, 그리고 가능성을 발견하게 하고 의미 부여에 도움을 주는 강력한 질문들이다. 깊은 내면의 사고를 자극하는 이러한 질문으로 코칭 고객의 진로 개발 역량을 함양하는 데 도움을 줄 수 있다.

1) 개방 질문과 닫힌(폐쇄) 질문

개방 질문은 코칭 고객으로 하여금 자기 자신의 마음을 더 열게 하고, 생각을 더 하게 하며, 심층적 대답을 하게 한다. 좋은 개방 질문은 '어떻게' 또는 '무엇을' 등과 같은 의문사를 붙이면 된다. 개방 질문은 코칭 고객(자녀, 학생)의 사고와 상상력을 자극하므로, 코치(부모, 교사)는 자연스러운 개방 질문을 위한 연습이 필요하다. 닫힌(폐쇄) 질문은 개방 질문과 반대로 코칭 고객의 사고나 상상력을 자극하지 않는 질문이다. 즉, 질문에 대한 단답형 답이나 정보는 쉽게 얻을 수 있지만, 생각을 말하거나 설명이 이어지지는 않는다. 따라서 진로코칭에서는 개방 질문이 효과적이다.

▶ 개방 질문

- "무엇을 도와주면 될까요?"
- "어떻게 해 보겠습니까?"
- "기대하는 바가 무엇입니까?"
- "가장 중요한 것은 무엇인가요?"
- "무엇이 달라지기를 바랍니까?"
- "어떤 영향이 있을까요?"
- "할 수 있는 긍정적 자원은 무엇입니까?"
- "어떤 노력을 해 보겠습니까?"
- "방해 요인을 어떻게 극복하겠습니까?"
- "무엇을 보면 알 수 있습니까?"
- "어떤 정보가 필요합니까?"
- "A와 B가 어떻게 다른가요?"
- "그것은 어떤 의미가 있습니까?"
- "무엇을 알게 되었습니까?"

• "그 정보가 얼마나 정확한 것인가요?"

▶ **닫힌(폐쇄) 질문**

• "수업은 끝났습니까?"

• "허락은 받았습니까?"

• "숙제는 했습니까?"

• "학원은 다니고 있습니까?"

• "점심 식사는 했습니까?"

2) 확대 질문과 특정 질문

확대 질문이란, 코칭 고객의 가능성과 잠재능력을 확대시킨다는 의미가 있으며, 바로 그 자리에서 대답이 어려울 정도로 내면 여행이 많이 필요한 질문이다. 이러한 질문을 받으면 내면 깊숙한 곳의 의식을 자극하게 된다. 따라서 코칭 과정에서 코치의 확대 질문과, 코칭 고객의 반복된 대답으로 결국 많은 생각이 이루어지고 정리된다. 이로써 코칭 고객이 진로 문제 해결에 도움을 받게 되므로, 코치는 코칭 고객의 가능성과 잠재력을 끌어내기 위해 확대 질문을 개발하는 노력이 필요하다. 특정 질문은 닫힌(폐쇄) 질문과 유사한 면이 있으며, 주로 코칭 고객의 말을 확인하거나 단순한 선택을 원할 때 사용하는 것으로, 깊은 생각을 하지 않더라도 쉽게 대답할 수 있는 질문이다.

▶ 확대 질문

· "당신의 궁극적인 삶이란 어떤 것입니까?"

· "어떤 미래의 모습을 그리고 있습니까?"

· "당신이 소중하게 생각하는 가치는 무엇입니까?"

· "가장 중요한 것은 무엇인가요?"

· "이번에는 어떤 다른 계획을 세우겠습니까?"

· "꼭 성공해야 하는 이유는 무엇인가요?"

· "그것이 왜 당신에게 의미가 있습니까?"

· "강점을 어떻게 활용해 보겠습니까?"

· "목표 달성과 어떻게 연관이 됩니까?"

· "어떻게 그런 결론을 얻었습니까?"

· "왜 다르게 보고 싶습니까?"

· "어떻게 새롭게 해 보겠습니까?"

· "자신을 어떻게 관리하겠습니까?"

· "의지를 견고히 하는 것이 얼마나 중요합니까?"

· "무엇이 당신의 한계선을 제거할 수 있습니까?"

· "당신은 어떤 존재입니까?"

· "한계선을 제거하면 삶에서 무엇이 달라집니까?"

▶ 특정 질문

· "몇 학년 몇 반입니까?"

· "학원 수강 기간은 얼마나 되었습니까?"

- "코칭 예약이 언제입니까?"
- "진로코칭 경험이 있습니까?"
- "사는 곳이 어디입니까?"

3) 미래 질문과 과거 질문

미래 질문은 미래의 행위나 가능성에 초점을 맞추고 있으면서 미래형의 단어가 포함된 질문이며, 과거 질문은 과거의 행위나 그 원인과 생각에 중점을 둔 과거형 낱말이 포함된 것이다. 코칭이 코칭 고객의 미래 가능성과 잠재력에 초점을 두고 있는 것이므로, 당연히 미래 질문이 과거 질문보다 진로코칭에 효과적이다.

▶ 미래 질문

- "앞으로 새롭게 해 보고 싶은 것은 무엇입니까?"
- "진로코칭이 종료되고 난 후 무엇이 달라지길 기대합니까?"
- "이번에 성공하고 난 후에는 무엇을 시도해 보겠습니까?"
- "10년 후 당신의 모습을 상상해 보면 생각나는 장면이 무엇입니까?"
- "그 기회가 다시 온다면 무엇을 달리하겠습니까?"
- "그 약속을 지키기 위해서 어떻게 하시겠습니까?"
- "미래에는 주변 환경을 어떻게 바꾸고 싶습니까?"
- "내년에는 어디까지 나아질 것으로 봅니까?"

- "1년 후 변화된 모습은 무엇입니까?"

- "어떤 내적 자원이 있습니까?"

- "무엇이 그것을 할 수 있게 합니까?"

- "앞으로 장애물은 어떻게 제거하겠습니까?"

- "1년 후에는 어느 대학 도서관에서 공부하고 있을까요?"

- "앞으로 학습 플래너가 어떻게 달라질까요?"

- "어떤 사람이 되길 바랍니까?"

▶ **과거 질문**

- "지금까지는 왜 하지 않았습니까?"

- "그때는 왜 그렇게 했습니까?"

- "그때 결과는 어땠습니까?"

- "어제 그런 이유는 무엇입니까?"

- "작년에는 시도해 보았습니까?"

4) 긍정 질문과 부정 질문

긍정 질문은 부정적인 의미가 없는 질문이며, 부정 질문은 부정형 단어를 포함하는 질문을 말한다. 긍정 질문은 질문의 폭이 넓고 밝은 어감이 느껴져 코칭 고객의 의식을 긍정적으로 흐르게 한다. 따라서 긍정적인 방향의 내면 여행으로 코칭 고객의 가능성과 잠재력을 발견하게 하고, 문제 해결에 이르는 데 도움을 준다. 반대로 부정 질문은 질문의 폭이 좁고 어두운 어감이 흐른다. 이는 코칭 고객의 의식을 부정적으로 흐르게 하여 스스로 한계를 만들게 할 수 있다.

▶ **긍정 질문**

- "실행해 본 것은 무엇입니까?"
- "시도해 보기 위해 무엇을 했습니까?"
- "잘 된다면 무엇이 다를까요?"
- "지금 당장 할 수 있는 것은 무엇입니까?"
- "잘 되고 있는 것은 무엇입니까?"
- "잘 하기 위해 어떤 노력을 했습니까?"
- "자원을 어떻게 활용할 수 있겠습니까?"
- "이것에서 배운 것은 무엇입니까?"
- "무엇을 새롭게 시도하겠습니까?"
- "가족 중에 긍정적 도움을 줄 수 사람은 누구입니까?"
- "어떤 상상이 됩니까?"
- "무엇이 당신을 가능하게 합니까?"
- "그중에서 가장 쉬운 것은 무엇입니까?"
- "도움이 되는 정보는 무엇입니까"
- "무엇을 탐색해 보았습니까?"

▶ **부정 질문**

- "약속을 어기지 않으려면 어떻게 해야 할까요?

- "실행하지 않을 수 있는 경우는 무엇인가요?"

- "해 보지 않은 이유가 뭔가요?"

- "잘 안 된다면 어떻게 될까요?"

- "그렇게 점수가 나쁜 이유가 무엇입니까?"

5) 발견 질문, 의미 질문, 강력한 질문

발견 질문이나 의미 질문은 코칭 고객의 내면에 있는 해답을 찾는데 도움을 주는 질문으로 강력한 질문들이다. 앞에서 언급한 개방 질문, 확대 질문, 미래 질문, 긍정 질문들이 발견 질문이요 의미 질문이다. 강력한 질문은 때로 코칭 고객을 무방비 상태로 만들어서 그들로 하여금 제자리에 멈춰 서서 생각하게 한다. 이것은 깊은 생각으로 이어지는 큰 힘을 가지고 있다.

3부

교사를 위한 진로 유형별
진로상담(코칭)
가이드

내담자(학생)를 맞이할 준비가 되어 있는가?

내담자(학생)를 위한 진정성과 전문성이 있는가?

내담자(학생)가 만족할 때까지…

진로상담(코칭) 가이드 들어가기

■ 학교의 진로상담(코칭) 전문가, 진로진학상담교사

교육 현장에서 각 교과의 학습 내용을 학생 개인의 '진로'와 연결하고, 수업에서도 단원의 특성에 맞게 진로 관련 요소를 접목하여 학생의 배움이 일어나도록 한 지는 그리 오래되지 않았다. 즉, 이제까지의 교육은 모두 같은 방향을 바라보게 하는 획일적인 교육이었다. 학생 개인의 특성에 맞는 다양한 방향의 교육과는 다소 거리가 있었다는 것이다. 이제는 너도나도 '진로가 미래다'라고 말할 정도로 교육 방향의 관점이 달라지고 있다. 이는 급변하는 불확실한 미래 사회에 발맞추고 있는 교육 패러다임의 변화로 보아야 할 것이다.

2009 개정 교육과정부터 기존의 창의적 재량활동이 창의적 체험활동(자율활동, 동아리활동, 봉사활동, 진로활동)으로 바뀌고, '진로와 직업'이라는 교과목이 새로이 생기게 되었다. 그런데 문제는 새로운 교과목인 '진로와 직업' 교과를 가르칠 교사가 없다는 것이다. 사범대학

에 해당 학과가 개설되어 있지 않으니, 현장에서는 그 과목의 자격을 소지한 사람이 없는 것이 당연했다. 또 교과의 전문적 교육과정이 학생의 진로 및 진학과 관련된 미래를 다루는 내용이다 보니, 어느 정도의 교사 경력이 필요할 수밖에 없다.

정책 입안자와 관련 전문가들은 여러 해 담임 경험으로 상급학교 진학도 시켜 보고, 진로상담 및 정서 상담 사례도 충분할 뿐 아니라, 전체적인 초·중·고 교육과정 흐름도 잘 알고 있는 교사가 필요하다고 보았다. 그래야 교과의 특성에 맞게 효과적인 진로 교육이 가능하고 학생의 미래를 조력할 수 있다고 본 것이다.

그리하여 교육부에서는 기존의 교사들을 대상으로 '진로와 직업' 교과로 전과 희망을 받게 된다. 일련의 정량평가 기준에 따라 적격자를 선발하고, 그들을 대상으로 소정의 부전공을 연수하게 한 후, 2011년도부터 중·고등학교에 진로교사를 배치하기에 이른다. 각 학교에 배치된 진로교사들은 학교의 진로 교육을 기획·운영한다. 학생 대상 서비스로는 학생의 진로수업과 맞춤형 진로상담을 통해 진로와 진학, 학습 등 학생 개개인의 '행복한 삶'을 위한 조력을 한다. 즉, 학생이 미래의 삶을 위한 자세나 태도, 필요한 미래 역량을 갖추도록 돕고, 촉진하는 역할이다. 학교에서 학생의 진로를 조력하는 사람은 비단 진로교사만은 아니다. 담임교사를 비롯하여 각 교과 담당 교사도 학생의 진로에 관심을 가지고 큰 역할을 한다.

따라서 본 장(章)은 학생의 진로상담을 고유 업무로 수행하고 있는 진로교사를 비롯하여, 담임교사 등 학생의 진로상담에 관심이 있는 모든 교사를 위한 가이드이다. 또한 진로상담과 진로코칭을 구분하지 않고, '학생의 성장과 발전을 조력한다.'는 하나의 차원으로 보아, 이후부터는 해당 용어를 혼용하여 기술하고자 한다.

■ 내담자(학생) 진로 유형 나누기

진로상담(코칭)의 단계를 설명하면서 말한 바와 같이, 사전 상담(코칭)에서 학생의 진로 유형을 분류하면 효과적인 본 상담(코칭)에 도움이 된다. 즉, 본 상담(코칭)을 위해 개인적 정보와 자료를 준비하고, 학생의 니즈(Needs)를 파악하며, 의미 있는 진로상담(코칭) 전략인 '상담구조화'를 위해 학생의 진로 유형 분류가 필요한 것이다. 사전 상담(코칭)에서 학생과 나눈 이야기를 바탕으로 진로 문제의 발생 배경을 이해하고 원인을 파악한다. 이러한 작업은 내담자 개인을 이해하는 데 도움이 되고, 밀도 있고 효과적인 본 상담(코칭)이 되도록 돕는다.

진로상담(코칭)을 위한 진로 유형은 교사(상담자, 코치)의 경험에서 나오는 선호 기준에 따라 나누면 될 것이다. 어떻게 구분하든지 간에 개인의 특성을 잘 파악하고 상담(코칭)을 구조화하는 기초 자료로 활용하도록 해야 한다. 다음에서는 내담자별, 진로 문제 내용별, 의사결정 유형별, 홀랜드 유형별로 내담자(학생)를 분류하여, 진로상담(코칭) 가이드에 대해 기술하고자 한다.

1장

내담자별 진로상담(코칭) 가이드

    내담자별 진로 유형으로는 진로 결정자, 진로 미결정자, 우유부단형으로 구분한다(Sampson, Peterson, Lenz와 Reardon, 1992; 김봉환 외, 2000). 진로 결정자 중에도 '확신, 실행, 갈등 회피'의 3가지로 세분하는데, 선택을 '결정했다'는 사실을 중요하게 보고 의미를 부여하여 '결정'을 앞에, 결정을 부연 설명하는 말을 뒤에 붙여 '결정–확신, 결정–실행, 결정–갈등 회피'로 나눈다. 즉, '결정'은 했는데 '어떤 유형의 결정'인지로 이해하면 될 것이다. 이러한 분류를 통해 상담(코칭)을 구조화 하고, 전략과 개입 방향을 수립한다.

1. 진로 결정자(the decided)

1) 결정-확신 유형

어떤 선택을 했지만, 다른 사람들의 선택과 자신의 선택을 비교함으로써 선택의 적합성을 확인하거나 명확히 하고 싶어 하는 사람이다. 이들은 꼼꼼한 특성, 매사 확실하고 완벽한 것을 좋아하는 특성을 가졌으며, 실리적이면서도 의사결정에서 의존적일 가능성이 있다.

■ 상담(코칭) 가이드

- 학생의 진로 의사결정이 합리적 과정이었는지에 대해 질문을 통해 점검한다.
- 의사결정을 위한 정보수집과 장·단점의 비교 분석에 대해 점검한다.
- 학생의 정보에 대한 신뢰성을 점검한다.
- 학생이 궁금해하는 타인과의 비교보다는 자신의 특성에 따른 적합한 선택인지에 대해 집중하도록 돕는다.
- 누구에 의한 최종 진로 의사결정인지 파악한다.
- 의사결정 과정에서 중요하게 여기는 가치가 무엇인지 파악한다.
- 진로 결정에 대한 지지와 격려를 한다.

■ 사용 가능한 질문 청크

- "어떤 대안들을 놓고 고민하다가 결정한 거니?"

- "너의 궁극적인 진로 목표는 무엇이니?"

- "네가 좋아하는 것은 무엇이니?"

- "네가 최종적으로 바라는 것은 무엇이니?"

- "너의 궁극적인 삶의 모습은 무엇이니?"

- "네가 다른 사람과 가장 다른 점은 무엇이니?"

- "다른 사람의 선택과 비교해 보는 것이 네게 왜 중요하니?"

- "그것이 앞으로 네게 어떤 영향을 미치니?"

- "너의 선택에서 가장 중요하게 작용한 것은 무엇이니?"

- "진로 선택과 관련된 너의 종합적 특성을 말해 주겠니?"

- "어떤 정보를 어디에서 습득했니?"

- "그 정보는 얼마나 신뢰할 수 있다고 생각하니?"

- "대안들의 비교 분석 결과를 말해 주겠니?"

- "네가 가장 중요하게 생각하는 직업 가치는 무엇이니?"

- "다른 사람들의 선택에 따라 너의 결정이 어떻게 달라질
  예정이니?"

- "최종 진로 결정은 누가 한 거니?"

- "너의 의사결정에 누가 가장 영향을 주었니?"

- "결정된 진로 선택이 너의 삶의 목표에는 어떤 의미가 있니?"

- "네가 알고 있는 따르고 싶은 롤 모델은 누구니?"

- "너의 결정에 대해 너의 롤 모델이라면 무엇이라고 말할 것 같니?"

2) 결정–실행 유형

어떤 선택을 했지만, 자신의 선택을 이행하는 데 도움을 필요로 하는 사람이다. 이들은 주도적으로 의사결정을 하고 계획을 세우는 것까지는 순조롭게 진행했으나, 실행 단계에서 주춤하고 머뭇거린다. 또 주변의 도움을 받아서 결정한 후에 도움을 요청하는 사람이다. 그리고 합리적인 선택을 했더라도 실행 과정에 대한 조력을 필요로 하는 사람들이 여기에 해당된다.

■ 상담(코칭) 가이드

- 본인의 의지에 따른 확실한 의사결정인지 확인할 필요가 있다.
- 과거의 비슷한 실행 경험이나 긍정적, 부정적 결과를 확인한다.
- 실행계획을 확인하고, 좋은 실행계획 세우기를 조력한다.
- 실행과 관련된 내적 자원과 외적 자원을 찾도록 조력한다.
- 과거 실행 결과에 따른 통찰이나 교훈 여부를 파악한다.
- 실행 의지를 파악한다.
- 의사결정과 관련하여 따르고 싶은 롤 모델이 있는지 알아본다.
- 학습 플래너 작성과 활용에 대해 조력한다.
- 진로 결정에 대한 지지와 격려를 한다.

■ 사용 가능한 질문 청크

- "너의 의사결정 과정을 간단히 설명해 줄 수 있겠니?"

- "너의 어떤 점이 이 결정을 하게 했니?"

- "과거에 어떤 것을 시도해 보았니?"

- "그 결과는 어떠했으며, 무엇을 느꼈니?"

- "시도를 위한 첫걸음에 무엇이 가장 필요하니?"

- "실행계획에서 어떤 부분이 가장 자신이 있니?"

- "실행계획에서 어느 부분을 보완하면 좋겠니?"

- "이것은 현실적으로 얼마나 가능한 일이니?"

- "목표를 좀 더 구체적으로 생각해 보겠니?"

- "목표를 달성했다는 것을 무엇을 보고 알 수 있겠니?"

- "너의 목표 달성 기한은 언제까지니?"

- "실행 여부를 어떻게 체크해 보겠니?"

- "실행과 관련하여 너의 강점은 무엇이니?"

- "실행과 관련하여 너에게 도움을 줄 수 있는 주변의 자원은 무엇이니?"

- "실행과 관련하여 예상되는 장애 요소는 무엇이 있겠니?"

- "그 장애 요소를 어떻게 극복할 수 있겠니?"

- "이 시간 이후로 무엇을 가장 먼저 시도해 보겠니?"

- "실행을 지속하기 위해서는 무엇이 가장 중요하다고 생각하니?"

- "이것을 계속 실행한다면 너의 인생이 어떻게 달라지겠니?"

- "네가 따르고 싶은 롤 모델은 누구니?"

3) 결정–갈등 회피 유형

중요한 타인과의 갈등을 피하기 위해 전략상 우유부단함을 보이는 진로 결정자이다.

■ **상담(코칭) 가이드**

- 어떤 심리적 압박이 있는지를 파악하고, 심리적 불편 해소를 조력한다.
- 누구와의 갈등이 있는지, 그 사람은 어떤 힘을 발휘하는 존재인지 파악한다.
- 갈등을 피하지 않으면 어떤 일이 예상되는지 파악한다.
- 진로 의사결정이 변할 수 있는지 여지를 파악한다.
- 진로 의사결정의 최종 결정자는 본인임을 인지시킨다.
- 갈등이 없다면 어떻게 하고 싶은지를 파악하고 조력한다.
- 현재 상태에 대해 구체적으로 파악하고 돕는다.
- 가장 필요한 도움이 무엇인지 파악하고 돕는다.
- 심리적 불편감이 나아지도록 조력한다.

■ **사용 가능한 질문 청크**

- "진로 의사결정과 관련해서 너의 기분은 어떠니?"
- "진로 의사결정에 영향을 미치는 갈등은 무엇이니?"
- "너의 현재 상태를 이해할 수 있도록 구체적으로 설명해 주겠니?"

- "너의 중요한 선택에 대해 주로 누가 결정을 하니?"

- "결정에 얼마나 만족하니?"

- "너의 주변 사람 중에서 너에게 가장 영향을 발휘하는 사람은 누구니?"

- "너는 어떻게 대응해 보았니?"

- "앞으로는 어떻게 할 생각이니?"

- "문제 해결을 위해 무엇을 해 볼 수 있겠니?"

- "너에게 기적이 일어난다면 넌 어떻게 하고 싶니?"

- "너를 위해 어떤 도움이 가장 시급하니?"

- "너의 주변이 바뀌기를 원한다면 무엇이 어떻게 달라지면 좋겠니?"

- "너의 내적·외적 자원 중에 어떤 것을 활용해 볼 수 있겠니?"

- "새로운 선택을 하도록 기회를 준다면 어떤 새로운 결정을 하겠니?"

- "새롭게 시도해 볼 것이 있다면 무엇이니?"

- "너의 심리적 불편 정도를 1부터 10까지 중에서 수치로 나타낸다면 얼마니?"

- "네가 가장 중요하게 생각하는 가치는 무엇이니?"

- "갈등을 해결하기 위해 무엇을 해 볼 수 있겠니?"

- "네가 가장 원하는 것은 무엇이니?"

- "결정과 미결정이 너에게 주는 의미는 무엇이니?"

2. 진로 미결정자(the undecided)

1) 선택 지연-미결정자

선택을 결정하지는 않았지만, 현재로서는 시기적으로 선택할 필요가 없는 사람으로, 예를 들면, 신입생이 상급학교 선택이나 직업에 대한 결정을 하지 않고 있는 것이 여기에 해당 된다. 하지만 선택을 하지 않고 있다고 하여 진로 발달에 문제가 있다고 볼 수는 없다. 대부분 정상적인 발달 상태에 있으므로, 지속적인 탐색활동에 대해 조력할 필요가 있다.

■ **상담(코칭) 가이드**
- 개인의 자기 탐색을 조력한다.
- 자기에 대한 비합리적 신념과 일반화가 일어나지 않도록 조력한다.
- 직업정보 탐색을 조력한다.
- 합리적 의사결정 과정을 조력한다.
- 충분한 진로 탐색활동으로 적당한 시기에 합리적 의사결정을 할 수 있도록 진로 역량 강화를 조력한다.
- 당장 시급하지는 않지만, 진로 선택의 적절한 시점이 있음을 인식시킨다.

■ 사용 가능한 질문 청크

- "평소 한가한 시간에 주로 무엇을 하며 시간을 보내니?"
- "어떤 일에 몰두할 때 시간 가는 줄 모르니?"
- "주로 뭘 할 때 주변으로부터 칭찬을 듣니?"
- "가장 최근에 들었던 칭찬이나 인정이 있다면 무엇이니?"
- "다른 사람과 비교할 때 어떤 면에서 경쟁력이 있다고 생각하니?"
- "너의 평균을 기준으로 볼 때 어떤 과목이 강점이고 어떤 과목이 약점이니?"
- "직업에 대한 정보는 주로 어디서 획득하니?"
- "네가 관심 있는 직업에 대해 얼마나 정보를 알고 있니?"
- "부모님은 네가 어떤 직업을 가지기를 원하니?"
- "넌 어떤 사람으로 살고 싶니?"
- "진로 의사결정은 언제쯤 하는 것이 좋다고 생각하니?"
- "지금까지 직업과 관련해서 체험해 본 것이 있다면 무엇이니?"
- "평소에 해 보고 싶은 직업이나 하고 싶지 않은 직업이 있다면 무엇이니?"
- "그런 생각을 한 특별한 이유가 있으면 말해 주겠니?"
- "친구들이나 가족들의 모임에서 너의 의견을 어느 정도 표현하는 편이니?"
- "어떤 일을 결정할 때 생각은 어느 정도로 하니?"
- "어떤 결정을 할 때 주변 사람들의 의견을 어느 정도로 반영하니?"
- "어떤 결정을 한 후에 혹시 실패한다면 결과는 누구의 책임이라고

생각하니?"

- "우연한 사건을 만나게 된다면 넌 어떻게 대처할 생각이니?"
- "너에게 진로 장벽이 있다면 무엇이니?"

2) 발달적–미결정자

자기정보, 직업정보, 의사결정 지식의 부족으로 선택이 필요하지만 선택할 수 없는 사람이다. 자신의 발달 단계에 맞게 이루어야 할 과업을 수행하지 못하고 있는, 진로 성숙도가 낮은 사람이다. 따라서 자아개념 형성에 대한 조력이 필요한 사람이라고 볼 수 있다. 평소 자기 자신에 대해 관찰하는 습관이 되어 있지 않고, 무관심하며, 종합적인 특성을 알지 못해 자기 이해 수준이 낮다.

더불어, 직업과 관련하여 정보습득 방법 및 각종 직업정보의 부족으로 전반적인 직업 세계에 대한 이해 역시 낮다. 또한 주도적으로 비교 분석을 통해 의사결정을 하는 합리적 방법이 무엇인지 잘 모르는 사람일 수 있다. 이 유형의 학생들이 주로 진로상담실을 찾는 주 고객이라고 볼 수 있으며, 진로상담(코칭)을 통해 이들이 온전한 사회인으로 자립할 수 있도록 해야 할 필요가 있다.

■ 상담(코칭) 가이드

- 자기 이해의 수준을 높일 수 있도록 자신의 특성을 발견하는 데 대한 조력이 필요하다.

- 직업정보를 탐색할 수 있도록 적절한 경로를 안내하고 조력한다.
- 자기와 직업에 대한 잘못된 일반화가 있는지를 파악하고 조력한다.
- 자기와 세상을 잘 알고 무엇을 할 것인지에 대해 고민할 수 있도록 조력한다.
- 직업에 대한 올바른 태도를 갖도록 조력한다.
- 자아효능감 향상을 위해 조력한다.
- 습관과 관련한 실행계획을 조력한다.
- 현실성 있는 실행계획 세우기를 돕고, 성공 경험을 쌓을 수 있도록 한다.
- 자신의 진로에 대한 관심을 가지도록 돕는다.

■ 사용 가능한 질문 청크

- "너를 가장 잘 나타낼 수 있는 형용사는 무엇이니?"
- "왜 그렇게 생각하니? 구체적으로 설명해 주겠니?"
- "너는 무엇을 좋아하고, 무엇을 잘할 수 있니?"
- "지금까지 학교에서 제일 기억에 남는 활동이 있다면 무엇이니?"
- "그 활동으로 네가 달라진 것이 있다면 무엇이니?"
- "네가 좋아하는 친구가 있다면, 어떤 점 때문에 그 친구를 좋아하니?"
- "네가 인생에서 중요하게 생각하는 가치는 무엇이니?"
- "넌 궁극적으로 어떻게 살고 싶니?"
- "넌 직업과 일이 어떻게 다르다고 생각하니?"

- "직업을 가져야 하는 이유가 넌 뭐라고 생각하니?"
- "네가 관심 가지고 있는 직업은 무엇이니?"
- "어렸을 때부터 지금까지 관심을 가진 직업을 모두 말해 보겠니?"
- "넌 직업에 대한 정보를 어디서 찾아보니?"
- "너에게 진로에 대한 도움을 줄 수 있는 가까운 사람은 누구니?"
- "너의 하루 일상을 좀 말해 주겠니?"
- "네가 꿈꾸는 행복한 삶은 무엇이니?"
- "너의 미래의 한 장면을 상상해 보고 표현해 주겠니?"
- "최근의 일상 중 선택에 대해 고민하다가 결정 내린 것이 있다면 무엇이니?"
- "너의 진로 결정은 언제쯤이 적당하다고 생각하니?"
- "진로 미결정의 가장 큰 이유는 무엇이니?"

3) 다중잠재적-미결정자

지나친 흥미나 많은 재능으로 하고 싶은 것이 많고, 여러 가지 대안이 있거나, 중요한 타인으로부터 성취에 대한 높은 압력을 받고 있을 가능성이 있는 미결정자이다. 높은 호기심이 있고, 자신감이 넘칠 수 있다. 다양한 학습 경험이 있고, 부모의 충분한 지원을 받고 있을 가능성이 있으며, 주변의 기대를 받고 있는 경향의 사람이다.

· 숨어 있는 미결정 원인을 진단하고 분석하도록 돕는다.

· 여러 가지 대안들에 대한 실현 가능성, 미래 전망, 객관적인 능력,
가치관의 부합 등의 분석 작업을 돕는다.

· 분석 작업을 바탕으로 우선순위를 정하도록 돕는다.

· 중요한 순으로 우선순위를 정해 보도록 한다.

· 빨리 이루고자 하는 것 순으로 우선순위를 정해 보도록 조력한다.

· 중요한 타인의 성취 압력에 대한 감정과 실행하고자 하는 의지를
확인한다.

· 성취 압력의 내용과 자신의 이해를 바탕으로 가능성을 점검하도록
돕는다.

· 스스로 의사결정을 할 수 있도록 정보습득과 대안의 비교 방법에
대해 조력한다.

· 심리적인 불편함을 공감하고 조급한 결정을 내리지 않도록
돕는다.

■ 사용 가능한 질문 청크

· "평소 너는 무엇에 호기심이 있니?"

· "호기심이 생기면 넌 어떻게 하니?"

· "좀 더 구체적으로 이야기해 주겠니?"

· "진로와 관련하여 네가 경험해 본 것은 무엇이고, 거기서 무엇을
느꼈니?"

- "여러 대안들이 너에게 왜 중요한지 이야기해 주겠니?"
- "그러한 대안들과 너의 인생은 어떤 관계가 있는지 말해 주겠니?"
- "대안들에 대한 그간의 탐색활동 내용이나 알고 있는 정보를 말해 주겠니?"
- "여러 대안 중에서 하나만 이룰 수 있다면 무엇을 꼭 이루고 싶니?"
- "너에게 가장 중요한 인생의 가치는 무엇이니?"
- "주변으로부터 어떤 기대를 받고 있니?"
- "기대를 받을 때 넌 어떤 마음이 드니?"
- "기대와 너의 능력과는 얼마나 차이가 있니?"
- "그래서 너는 어떻게 하고 싶은 거니?"
- "결정의 필요성을 1부터 10까지 중에서 어떤 숫자로 표현할 수 있겠니?"
- "어떤 결정을 내리고 싶니?"
- "목표를 위해 가장 먼저 무엇을 해 볼 수 있겠니?"
- "무엇을 도와주면 너의 선택에 도움이 되겠니?"
- "상담 과정에서 무엇을 얻기를 기대하니?"
- "상담 전과 후를 비교해서 달라진 것은 무엇이니?"
- "너의 진로 문제의 원인은 무엇이라고 생각하니?"

3. 우유부단형(the indecisive)

　정보나 지식 부족 등의 원인으로 선택을 하지 못 하는 사람이다. 특히 우유부단함, 불안, 좌절, 낮은 자존감, 쉽게 결정하지 못하는 성격적 특징이 있는 사람이다. 이들은 진로 문제보다는 성격적 특성이 진로 문제에 부정적인 영향을 미치고, 선택을 제한하고 있으므로, 정서적인 상담이 충분히 이루어진 후에 진로상담(코칭)을 진행하거나, 또는 병행할 수 있다.

　성격적 문제를 그대로 안고 있는 채로 진로 문제 해결을 강요하는 것은 진로상담(코칭)의 효과가 낮고, 의미 없이 회기만 길어질 수 있다. 느긋하게 지속적인 관심과 조력으로 학교 위클래스나 심리상담 전문기관과 연계하여 긴 호흡으로 조력하는 것이 좋을 것이다.

■ 상담(코칭) 가이드

- 성격 문제에 대한 상담이 이루어질 수 있도록 전문가와 연계한다.
- 충분한 성격상담이 이루어진 후에 진로상담을 하는 것이 좋다.
- 진로상담 시 긴 호흡으로 천천히 변화를 기다린다.
- 스트레스 해소 방법이나 심상 훈련 등으로 심리적 안정을 돕는다.
- 낮은 자존감의 원인을 찾아 돕는다.
- 자아효능감과 결과 기대의 향상을 돕는다.
- 자기 및 세상에 대한 잘못된 일반화를 찾고 수정하도록 돕는다.
- 부정적 자기 독백에서 벗어나도록 돕는다.

- 직업에 대한 올바른 태도와 직업 가치관을 갖도록 돕는다.
- 자신의 행복한 삶에 대한 관심을 가지도록 조력한다.

■ **사용 가능한 질문 청크**
- "너의 마음을 편안하게 만드는 자연환경을 상상해 보겠니?"
- "너의 에너지를 1부터 10까지 중에서 수치화해 보겠니?"
- "평소에 너를 신나게 하는 일은 무엇이니?"
- "어떤 생각을 할 때 불안하거나 우울하니?"
- "너를 어떤 사람이라고 생각하니?"
- "너를 가장 잘 표현할 수 있는 형용사는 무엇이니?"
- "집에서는 주로 누구와 대화하니?"
- "진로에 대한 것은 무엇이 가장 고민스럽니?"
- "지금 너에게 가장 시급한 도움은 어떤 것이니?"
- "네가 생각하는 행복이란 어떤 것이니?"
- "넌 뭘 할 때 시간이 훌쩍 지나가는 것 같니?"
- "네가 칭찬받았던 것 중 가장 기억에 남는 것은 무엇이니?"
- "그럼에도 불구하고 네가 해 볼 수 있는 것은 무엇이 있겠니?"
- "직업을 통해서 네 인생에 무엇을 얻을 수 있다고 생각하니?"
- "진로 문제 해결을 위해 네가 해 볼 수 있는 가장 쉬운 것은 무엇이니?"
- "네 주변에서 이 문제와 관련하여 도움을 줄 수 있는 자원은 무엇이니?"

• "네가 알고 있는 너의 강점은 무엇이니?"

• "과거에는 이런 문제에 부딪힐 때 어떻게 대응했었니?"

• "지금까지와 전혀 다른 방법에는 무엇이 있겠니?"

• "네가 너의 모습을 객관적으로 볼 때 어떤 생각이 드니?"

2장

진로 문제 내용별 진로상담(코칭) 가이드

1. 학교 진로상담(코칭)의 실제

진로상담실을 찾아 진로 문제를 호소하고 교사의 도움을 요청하는 학생들의 진로 문제의 내용은 다양하다. 하지만 학생들이 해결하고자 하는 다양한 호소 내용을 핵심적인 것으로 묶어 보면 진로상담 목표의 범주를 벗어나지 않는다. 즉, 자기이해, 직업세계 이해, 의사결정 능력, 일과 직업 가치관 및 태도 형성, 직업 결정, 진로 적응과 관련된 것들이다.

따라서 진로교사가 상담을 요청한 학생들에게 도움을 주어야 하는 것은 그 범주와 같다. 즉, '나는 누구인가?'와 관련하여 자신에 대한 종합적인 특성을 알도록 하는 자기이해 증진하기, 직업 전망, 해당 직업에 이르는 방법, 노동시장의 변화 등 직업 세계에 대한 이해 증진하기, 고등학교 및 대학이나 학과 선택을 위한 정보 제공하기, 합리적인 의사결정 능력 증진하기, 올바른 직업 가치관 형성하기, 진로 결정과 적응력 키우기 등으로 볼 수 있다.

경험에 비추어 그간의 진로상담(코칭)을 요청한 학생들의 진로 문제 중에, 주로 호소하는 내용에 따른 한 줄 가이드를 제시하면 다음과 같다.

■ **호소하는 진로 문제 내용과 한 줄 가이드**

▶ **"잘하는 게 없어요."** – 자기이해 관련
- 남과 비교하여 찾지 말고 네 안의 여러 가지 중 잘하는 것을 생각해 볼까?
- 과거에 칭찬받았던 것을 기억해 보자.

▶ **"좋아하는 게 없어요."** – 자기이해 관련
- 무엇을 할 때 금방 시간이 지나가 버리는지 생각해 볼까?
- 그나마 덜 지루한 교과목은 무엇이니?

▶ **"꿈이 없어요."** – 자기이해 관련
- 과거에는 어떤 꿈이 있었는지 생각해 볼까?
- 평소 무엇을 좋아하고, 무엇으로 여가 시간을 보내니?

▶ **"꿈이 너무 많아요."** – 자기이해 관련
- 네가 가장 중요하게 생각하는 가치는 무엇이니?
- 가장 먼저 이루고 싶은 것, 정말 좋아하는 것부터 우선순위를 매겨 볼까?

▶ **"꿈이 자주 바뀌어요."** – 자기이해 관련
- 탐색 과정 중이라 너무도 당연한 것이니 불안해하지 마라.

- 바뀌는 계기를 생각해 보고, 새로운 꿈에 대해 구준히 탐색해 보자.

▶**"진로를 찾고 싶어요."**– 자기이해 관련

- 진로를 찾는 것이 너에게 얼마나 중요한 것이니?
- 진로를 찾으면 무엇을 어떻게 다르게 해 보고 싶니?

▶**"○○직업이 저에게 맞을까요?"**– 자기이해, 직업세계 이해 관련

- 네 심리검사 결과 해석을 통해 그것을 바탕으로 특성을 이해해 보자.
- ○○직업이 하는 일을 알아보자.

▶**"○○직업을 가지려면 어떻게 준비해요?"**– 직업세계 이해 관련

- 필요한 정보를 '커리어넷'이나 '워크넷'에서 탐색해 보자.
- ○○직업을 가지기 위해 구체적 실행 계획을 세워 보자.

▶**"○○직업이 미래에 없어진대요. 걱정돼요."**– 직업세계 이해 관련

- ○○직업이 하루아침에 없어지기보다는, 점점 줄고 대체 직업이 생길 거야.
- 정말 좋아한다면 그 직업과 차선책을 준비해 보는 것은 어떨까?

▶**"○○직업 전망이 궁금해요."**– 직업세계 이해 관련

- ○○직업 전망은 '커리어넷'이나 '워크넷'에서 찾아볼 수 있단다.
- 너의 개인적 특성과 관심 직업 특성을 비교해 보자.

▶**"미래에 유망한 직업이 뭐에요?"**– 식업세계 이해 관련

- 미래에 유망한 직업 리스트와 관련 정보는 '커리어넷'이나 '워크넷'을 활용해 보자.

- 미래 유망한 직업보다는 너를 유망한 사람으로 만드는 것이 필요하단다.

▶ **"쉽게 할 수 있는 직업 없을까요?"** - 직업세계 이해 관련

- 세상에 쉬운 직업은 없단다. 쉽게 살아가려는 사람이 있을 뿐이지.
- 자신의 특성에 맞는 직업을 찾는 것은 개인과 사회의 가치를 동시에 실현하는 것이란다.

▶ **"고등학교나 대학에 관해서 궁금해요."** - 의사결정 관련

- '학교 알리미', '어디가' 사이트를 통해 알아보자.
- 학교 특화 프로그램이 너의 목표에 어떤 도움이 될지 생각해 보자.

▶ **"친구가 진로상담이 도움 된다고 해서요."** - 의사결정 관련

- 친구가 어떤 점이 도움이 된다고 했니?
- 넌 어떤 도움을 받고 싶은 거니?

▶ **"부모님이 제 진로에 대해 반대해요. 답답해요."** - 의사결정 관련(진로장벽)

- 그 직업을 선택하고 준비하는 것이 네 인생에서 얼마나 중요하니?
- 네 진로에 대한 청사진을 그려 보자.

▶ **"어떻게 학습계획을 세워야 할지 모르겠어요."** - 학습방법 관련

- 과목별 강·약점을 파악해 보자.
- 학습검사에서 결과를 참고해서, 강점을 더욱 활성화하고 약점은 보완하여 SMART 계획 세우기를 활용해 보자.

▶ **"실천이 잘 안 돼요. 의지박약이에요."** - 자기이해, 실행계획 관련

- 분야를 막론하고 성공하는 사람들은 인내와 끈기가 필요하단다.
- 의지가 약해지는 신호가 올 때 무엇으로 대처해 보겠니? 공적 약

속으로 책무를 형성해 보자.

▶ "진로를 정하긴 했는데, 다음은 어떻게 해야 하는지 잘 모르겠어요."- 의사
결정 관련

· 얼마나 합리적인 방법으로 진로를 결정했니?

· 실행계획을 구체적으로 세워 보자.

▶ "행동(습관)을 고치고 싶은데 잘 안 돼요."- 자기이해, 실행계획 관련

· 습관을 고치는 것이 너에게는 얼마나 중요하니?

· 습관을 고치려면 생각, 결심, 실천이 중요하단다.

▶ "자신감이 없어서요."- 자기이해 관련

· 친구들이나 주변에서 칭찬 들은 적이 있었는지 기억을 되새겨
생각해 보자.

· 계획을 작게 세워서 성공 경험을 누적해 보자.

▶ "○○고등학교에 합격할 수 있을까요?"- 의사결정 관련

· 고등학교 합격 가능성을 묻는 것인데, 합리적인 선택이었는지
생각해 보자.

· 객관적인 참고 자료를 찾아보자.

▶ "○○고등학교와 ○○고등학교 중에 어디를 선택할까요?"- 의사결정 관련

· 두 고등학교의 장·단점에 대한 비교 분석을 해 보자.

· 고등학교 선택 시 네가 가장 중요하게 생각하는 것은 무엇이니?

▶ "○○대학교에 대해 궁금해요."- 자기이해, 의사결정 관련

· '어디가'사이트에서 알아보고, ○○대학교 홈페이지를 방문해
보자.

- 너의 성적을 비롯한 주변 환경과 개인적인 너의 특성을 알아보자.

▶ **"○○학과에 대해 궁금해요."- 자기이해, 의사결정 관련**

- '커리어넷'이나 '대교협' 사이트를 통해 ○○학과 탐색을 해 보자.

- ○○학과와 너의 진로 방향, 삶의 궁극적 목표 등을 탐색해 보자.

▶ **"포트폴리오 관리 방법이 궁금해요."- 자기이해, 실행계획 관련**

- 네가 생각하는 대학과 학과에서 어떤 활동을 원하는지 알아보자.

- 자기관리 플래너, 학습 플래너, 포트폴리오 파일을 활용해 보자.

▶ **"학교 내신 관리를 어떻게 해야 할까요?"- 자기이해, 학습방법, 실행계획 관련**

- 학교 내신 성적 산출 방법을 알아보자.

- 등급 관리와 성취도 및 수행평가 관리를 알아보자.

▶ **"다양한 형태의 일기 쓰기가 궁금해요."- 자기이해, 실행계획 관련**

- 시간일기, 학습일기, 생각일기, 걱정일기, 감사일기, 행복일기 등 네가 필요한 일기를 골라 보자.

- 꾸준히 쓰고 관리하는 것이 중요하단다.

▶ **"고입/대입 전형이 궁금해요."- 정보이해, 자기이해, 의사결정 관련**

- '고입포털'과 '대입포털'을 활용해서 정보를 찾을 수 있단다.

- 전형별 특징을 알고 네게 유리한 전형을 알아보자.

■ **필자의 학교 진로상담실 운영 팁!**

학교에서 학생들은 진로교사에게 자신의 진로 진학 설계 및 실행에 관해 두 가지 서비스를 받을 수 있다. 하나는 전체를 대상으로 하는 진로수업이 있고, 다른 하나는 개별 맞춤형 서비스인 진로상담이 있다. 진로수업은 시간표에 따라 하는 필수적인 것이지만, 진로상담은 의무사항이 아니다. 그래서 학생에 따라 진로 진학 상담 서비스를 적극 이용하는 학생이 있는가 하면, 관심이 매우 부족한 학생도 많다.

관심 있고 적극적인 학생은 진로상담실을 스스로 찾게 하여 효과에 초점을 맞추는 상담이 필요하고, 아예 관심이 없는 학생들을 위해서는 밀도 있는 진로수업 설계가 필요하다. 그러한 학생들은 수업을 통해서라도 행복한 삶을 위한 진로 설계 전반에 대해 생각할 수 있도록 해야 하기 때문이다.

학년 초가 되면 각 학급에 진로상담(코칭)과 진로상담실 이용 방법에 대해 홍보하고, 수업 시간을 활용하여 진로교사가 학생들에게 어떤 내용을 어떻게 조력할 수 있는지를 안내한다. 학생이 의무적으로 진로상담(코칭)을 몇 번 받아야 하는 규정은 없다. 교사가 전체 학생을 대상으로 의무적으로 상담을 해 주어야만 하는 것도 아니다. 진로교사의 주당 상담 시간을 규정하고 있을 뿐이므로, 어떤 학생을 상담하든지 규정 시간 이상의 상담 서비스를 하면 되는 것이다.

따라서 필자는 극히 일부 교사가 부르는 상담이 포함되어 있기는 하지만, 대부분의 사례는 상담을 원하는 학생들을 대상으로 그들의 진로 문제를 조력한다. 즉, 학생 모두에게 진로상담(코칭)을 강요하고 순서에 따라 학생을 억지로 진로상담실로 부르지는 않는다는 것이다. 물론 원하는 학생을 대상으로 하는 상담과, 무조건 의무적으로 불러서 하는 상담의 두 가지 방법 모두 일장일단(一長一短)이 있는 것이 사실이다.

　그러나 교사가 학생을 불러서 하는 상담의 폐해를 초보 진로교사 시절에 경험한 바 있다. 교사의 욕심에 학생을 의무적으로 불러 강요 하는 진로상담(코칭)은 뜻이 없는 학생들에게는 상담에 대한 거부감 을 만들고, 질문을 해도 전혀 생각하려 하지 않으며, 성의 없는 태도로 일관한다. 이러한 학생의 태도는 교사와 학생의 시간 낭비에 불과하 다. 또한 교사는 의례적인 업무로 생각하여 준비 없이 학생을 만나게 될 가능성도 있어 개인의 진로 문제별 맞춤형 접근에 대한 아쉬움을 낳을 수 있다.

　이러한 까닭으로 필자의 대부분의 사례는 진로상담(코칭)을 필요 로 하는 학생을 대상으로 횟수의 제한 없이 진행된다. 진로상담(코칭) 은 일반적인 성격(정서)상담과 달라서 일상생활의 어려움과 직결되어 있거나, 당장 해결해야 할 정도의 시급을 다투는 문제는 아니다. 진로 상담(코칭)은 가까이는 몇 개월부터 길게는 몇 년 후까지 학생의 인생 과 관련하여 진로 문제를 함께 고민하고, 해결하기 위한 방안을 강구 해야 하는 과정이다. 이 때문에 학생의 니즈와 효과에 좀 더 초점을 맞 추어, 내담자의 진로에 대한 성장과 발전을 이끄는 것이 무엇보다 중 요하다.

　진로상담(코칭)을 통해 무엇을 어떻게 하면 본인의 진로 문제가 해 결될지를 깨닫고, 진로교사의 도움을 받아 계획을 실행하며, 자신의 진로 문제를 해결해야 할 당사자가 곧 학생(내담자)이 아니겠는가? 결 국 학생 스스로가 변화와 성장을 만들어 내야 하는 장본인이다. 따라서 진로상담(코칭)을 필요로 하는 학생이 직접 와서 진로상담(코칭)을 신청하는 것부터가 본인의 진로 발전을 위한 시작이라고 보아야 한다. 그러기 위해서는 무엇인가 해 보고자 하는 마음이 필수적이고, 스스로 찾아오는 행동이 전제되어야 한다.

이러한 찾아오는 학생 중심의 진로상담(코칭)을 위해서는 무엇보다도 적극적인 홍보가 필요하며, 상담을 위해 학생들이 찾아오고 싶도록 만들어야 하는 과제가 주어진다. 이를 위해서는 모든 학생을 대상으로 하는 진로수업을 통해 진로의 중요성을 인식시키고, 진로 문제에 대해 조력할 수 있는 교사가 교내에 있다는 적극적 안내가 필요하다. 무엇보다도 성적의 높고 낮음과 상관없이 누구든 도움을 요청할 권리가 있음을 알리는 홍보가 중요하다. 그리고 교사가 제공할 수 있는 질 높은 서비스 내용과 전문성이 전제되어야만 진로상담실의 문전성시(門前成市)를 장담할 수 있다. 이는 모든 진로교사의 몫으로 남기고자 한다.

2. 학교 진로상담(코칭) 사례

학교 진로상담(코칭)은 짧은 시간에 학생의 니즈를 해결해야만 하고, 주로 단회이거나 짧은 회기의 상담(코칭)이 대부분이다. 따라서 상담(코칭)을 효과적으로 진행하고 만족도를 높이기 위해서는 의미 있는 사전 상담(코칭)이 필수적이다. 그리고 사전 상담(코칭)은 내담자의 니즈를 해결하기 위한 상담(코칭) 구조화 작업으로 이어져야 한다. 이러한 과정은 효과적 본 상담(코칭)을 위한 교사의 준비 과정이다.

■ '꿈이 없어요.' 진로상담(코칭) 사례

1) 사전 상담(코칭)

- ▶ **내담자(학생):** 중3 여학생
- ▶ **상담 동기:** 꿈이 없어요. 그래서 걱정이 돼요.
- ▶ **바라는 내용:** 꿈이 생길 수 있게 도와주세요.
- ▶ **개인 특성:** 좋아하는 것 – 없음, 잘하는 것 – 없음, 중요하게 생각하는 것 – 모르겠음
- ▶ **희망 직업:** 학생은 '아직 없음', 학부모가 바라는 학생 직업은 '학생의 뜻대로'
- ▶ **진학 관련:** 고등학교는 특성화고와 일반고 중에서 고민 중, 대학

은 '모르겠음'

▶ **성적 관련**: 내신 성적 '하(50점대)', 학원 '영, 수', 이전 상담 경험 '없음'

▶ **기타 참고**: 교우관계는 원만, 동아리 및 봉사활동은 특별한 것 없음

2) 진로상담(코칭) 구조화

▶ **내담자 진로 유형**: 진로미결정자(발달적–미결정)

▶ **진로 문제 내용별 진로 유형**: 꿈이 없어요. – 자기이해 관련

▶ **진로 문제 평가**: 자기 관찰이 미숙하고, 자기 특성에 대한 이해 및 지식 부족으로 전반적인 자기이해 수준이 낮음. 진로 발달에 따른 진로 성숙도도 낮음.

▶ **진로 목표**: 자기 자신의 특성 탐색으로 자기이해 증진

▶ **참고 사항**

– 생기부 확인 결과 성적은 현재까지 전 학년 전 과목 성취도 'D 또는 E' 최하위권

– 심리검사 결과 확인: Holland 유형 ASE (성격5요인 검사(1학년), 자기조절학습검사(2학년), Holland SDS 진로 탐색 검사(3학년))

▶ **핵신 전략**

– 진로상담을 받고자 하는 결정에 대한 긍정적 피드백

– 자신의 궁극적 삶의 모습에 대한 질문으로 진로의 큰 그림을 볼

수 있게 함.

- 자신에 대한 특성 이해를 위해 일상에서 관심사를 찾기 위한 질문 필요
- 현재는 꿈이 없으나 과거에는 어떠했는지 질문함으로써 진로 포부 변화의 관찰 필요
- 당장 할 수 있는 행동에 대해 질문함으로써 실행 의지 탐색 필요

3) 본 상담(코칭) 일부 : 핵심 질문 관련 대화

교사 무엇이 너를 진로상담을 받고 싶게 했니? (진로상담 동기 확인)

학생 주변의 친구들은 꿈을 말하는데, 전 아직 꿈이 없고요, 이제 곧 고등학생이 될 텐데 이렇게 하다가는 어떻게 될까 걱정도 되고 해서요.

교사 그렇구나. 주변 친구들은 꿈이 있는데 넌 아직 하고 싶은 게 없어서 미래가 걱정스러웠다는 것이구나. 지금 이렇게 와 보니까 어떤 기분이니?

학생 뭔가 달라질 것 같아서 기대도 되고 좀 안심도 돼요.

교사 네가 꿈이 생기고 희망 직업을 정하면 너의 무엇이 달라질 것 같니? (동기 부여)

학생 제가 뭘 해야 될지 알게 되고 그것을 위해서 노력할 것 같아요.

교사 너의 고민을 선생님께 도와달라고 요청하니까 선생님이 오히려 고마워. 절대 늦지 않았어. 걱정 안 해도 돼. 지금부터 생각

하고 탐색하면 얼마든지 너의 멋진 인생을 설계할 수 있어. 함께 이야기해 보자. (진로상담을 받고자 마음먹은 것에 대한 지지, 격려, 긍정적 피드백)

교사 오늘 상담을 통해서 얻고 싶은 것이 무엇이니? (목표 확인)

학생 꿈을 찾고 싶어요.

교사 그렇구나. 꿈을 찾는다는 것은 네 인생의 큰 목표니까 충분한 탐색 과정을 거치면서 정해질 것이라고 생각해.

교사 꿈을 찾는 것과 관련해서 좀 더 구체적으로 오늘 이 시간에 무엇을 기대하는지 말해 줄래? (목표 구체화)

학생 어떻게 꿈을 찾아야 하는지….

교사 그래. '꿈을 찾는 방법이나 경로 알기'라는 것이구나. 네가 꿈을 찾기 위해서 어떤 방법들이 있는지 이야기해 볼까? (목표 설정)

교사 너는 어떤 사람으로 살고 싶은 욕구가 있니? (삶의 큰 그림을 그릴 수 있게 함)

학생 제가 하고 싶은 것 하면서 자유롭고 여유 있게 살고 싶고, 돈도 많이 벌고 싶어요.

교사 응~ 충분히 가능한 일이지. 하고 싶은 것이라고 했는데, 네가 하고 싶은 것은 뭐니?

학생 잘 모르겠어요. 생기면 그렇게 하고 싶어요.

교사 사전 싱딤할 때 현새 좋아하는 것도, 잘하는 것도, 중요한 가치도 없다고 했는데, 좀 과거로 돌아가서 생각해 보자. 꿈을 찾으려면 너를 잘 관찰하고, 자신에 대해 이해하는 것이 중요하거든.

교사 진로 선택에는 좋아하는 것이 기본이 된단다.

교사 초등학교 때나 유치원 때를 생각해 보면 뭘 좋아했니? (과거에서 자신의 특성을 찾아보게 함)

학생 그림 그리기나 만들기, 인형 옷 입히는 것(스티커 코디 북), 친구들하고 수다 떠는 거요.

교사 그랬구나. 여러 가지 좋아하는 것들이 있었는데 지금은 좋아하는 것이 없다고 하는 특별한 이유가 무엇이니?

학생 중학교 와서는 학원 때문에 시간도 없고, 또 그런 것 하고 있으면 엄마가 공부나 하라고 잔소리하고 해서요.

교사 그러면 그 시절에는 뭐가 되고 싶었니? (과거의 꿈 탐색을 통해 진로 포부의 변화를 확인하고자 함)

학생 인형 옷 디자이너, 미술 선생님, 요리사, 심리상담사….

교사 지금은 그런 것들에 대해서 어때?

학생 미술 선생님은 공부를 못해서 안 될 것 같고, 인형 옷 디자이너는 많이 없을 것 같고. 요리사는 주방 보조부터 해야 한다고 해서 너무 힘들지 않을까 싶고요….

교사 학교 공부 중에서는 무슨 과목이 재미있니? (교과목 중 흥미 탐색)

학생 크게 재미있는 과목은 없는데, 그나마 미술이나 체육이요.

교사 다른 과목에 비해서 왜 재미있니? (교과목 중 흥미 탐색)

학생 미술은 제가 그런 그리기나 만드는 것 좋아하니까 그렇고, 체육은 그 시간에 친구들이랑 부대끼고 수다를 좀 떨 수도 있어서요.

교사 그나마 좋아하는 미술이나 체육 과목에서 칭찬받은 기억이 있

을까? (적성 탐색)

학생 네 미술 시간에 가끔씩이요. 컬러감이 좋대요.

교사 평소 시간이 있을 때는 주로 무얼 하면서 보내니? (일상생활에서 흥미 탐색)

학생 유튜브 영상 많이 보고, 옷 쇼핑몰도 보고, 친구들 인스타도 들어가고, 친구들이랑 카톡도 하고, 그림도 그리고… 주로 휴대폰 가지고 놀아요.

교사 그렇구나. 유튜브 영상은 어떤 영상을 주로 보니? (일상생활에서 흥미 탐색)

학생 화장법이나 재미있는 영상 종류요.

교사 과거의 꿈이나 좋아하는 교과목, 일상생활 시간 보내기 등의 질문에 대해 답하는 자신을 보면서 어떤 생각이 드니? (MAO질문, 통찰 질문)

학생 옛날에 좋아했던 것들이랑 지금 제가 시간 보내는 거랑 비슷한 것 같은데요.

교사 그렇구나. 지금까지 이야기를 종합해 보면, 사전 상담에서 네가 좋아하는 것이 없다고 했는데 그게 아니었네. 특히 어려서부터 지금까지 미술과 관련된 아이디어 생성이나 창의적이고 창조적인 활동을 여전히 좋아하는 것으로 생각되는데, 어때?

학생 네 맞아요.

교사 네가 주로 시간을 소요하는 활동들이 다 너의 관심사라고 볼 수 있고 그것이 흥미란다. 거기서부터 시작하고 그 방향으로 진로 탐색을 해 보면 돼.

교사 너에게 더 도움을 주기 위해서 1학년 때부터 지금까지 실시했던 너의 진로 심리검사 결과를 미리 살펴보았어. 같이 프로파일을 한번 볼까? (세 가지 심리검사 종합적 해석)

교사 결과적으로 심리검사 결과와 지금까지 말한 너의 일상적 관심사가 상당히 같은 방향이야. 추천직업이 있는데 아는 직업에 동그라미 해 볼래? (심리검사에서 추천직업을 중심으로 직업 탐색)

교사 추천직업들이 너랑 비교해 보면 어때? (추천직업이 자신의 특성과 적합한지 확인)

교사 제일 관심이 있는 직업을 세 개 골라 보겠니? (관심 직업 고르기)

학생 네일 아티스트, 웹디자이너, 연예인 코디네이터요.

교사 네가 고른 직업들이 네가 꿈꾸는 너의 삶에 어떤 도움이 된다고 생각하니? (직업과 꿈꾸는 궁극적 삶을 연결)

학생 네. 제가 좋아하는 분야의 직업이니까 그런 것 하면서 여유 있게 살고 열심히 하면 돈도 많이 벌겠죠.

교사 진로를 선택할 때는 다른 사람과 비교하지 말고 네 안에서 좋아하는 것과 잘하는 것을 생각해 보면 돼. 네가 생각하는 가치나 성격과 맞는지 분석해 보고 선택하는 것이 좋아.

교사 그런데 직업 자체에 대한 정확한 정보도 꼭 알아야 되거든. 직업에 대한 정보를 알고 싶을 때 어디서 어떻게 알 수 있는지 알고 있니? (정보제공)

학생 선생님이 수업 시간에 이야기해 준 것 같은데 잊어버렸어요.

교사 대표적인 사이트가 '커리어넷'과 '워크넷'이라고 해. 어떻게 접속하는지 알아보자. (태블릿을 활용하여 직업정보 탐색 방법 알려주기)

교사 이 두 사이트 내용을 보니까 너에게 어떤 도움이 될 것 같니? (대안 탐색)

학생 하는 일이랑 직업 전망이랑 다 나와 있으니까 직업정보를 많이 찾아보고 싶어요. 그중에서 제일 저랑 맞는 직업을 찾아서 거기에 맞게 준비하면 될 것 같아요.

교사 그러면 앞으로 어떻게 직업 탐색을 더 해 볼래? (실행계획)

학생 날마다 그 사이트에 들어가서 찾아보면 좋을 것 같아요.

교사 좀 더 구체적으로 정하면 훨씬 더 효과적이고, 했는지 안 했는지 체크도 가능해. (실행계획 구체화)

학생 그러면 하루에 1개씩 찾아봐야겠어요.

교사 보기만 하면 했는지를 정확히 알 수도 없고, 자료가 누적되지도 않으니까 좀 더 도움이 되는 다른 방법은 무엇일까? (새로운 방안)

학생 그러면 공책에 간단히 써 볼게요.

교사 훌륭한 방법이네. 이것을 지속할 수 있는 너의 강점이나 환경 자원은 뭐가 있니? (자원 확인)

학생 제가 인터넷 탐색을 좋아하는 것이랑, 좀 잘 살고 싶은 욕심도 있고, 휴대폰 데이터가 충분하기도 해요.

교사 오늘 상담을 통해서 새롭게 알게 된 것이나 깨달은 것이 있다면 무엇이니? (MAO질문, 통찰 질문)

학생 저의 꿈을 갖기 위해서는 저를 잘 관찰해 봐야 한다는 것을 알게 되었어요. 또 중학교 오면서 학원이나 공부 때문에 시간이 없어서 그간 잊고 지냈던 과거의 관심사들을 지금도 좋아하고 있다는 것을 알게 되어서 기분 좋아요. 그리고 심리검사 해석도 많은 도움이 되었고요, 직업정보 찾는 방법을 알게 되어서 안심이 되고, 계획대로 실행해 보고 싶어요.

4) '꿈이 없어요.' 진로상담(코칭) 사례 요약

▶ 중3 여학생으로 꿈이 없어서 꿈을 갖고자 하는 동기에서 상담을 신청한 사례이다.

▶ **상담 목표**: '꿈을 찾는 방법 알기'로 설정했다.

▶ **상담 과정**: 좋아하는 것과 잘하는 것이 없다는 학생에게 일상생활과 교과목, 과거의 꿈 목록 등을 탐색하면서 관심 있고 좋아하는 것부터 찾아보게 하였다.
그것을 자신의 진로와 연결해 보는 활동을 하였다.

▶ **실행계획**: 상담 과정에서 찾은 좋아하는 것을 중심으로 하루에 한 개의 직업정보를 탐색하고, 수첩에 기록하여 지속적으로 자신의 진로를 탐색하기로 계획하였다.

▶ **상담 효과**: 주변의 친구들은 꿈이 있는데 자신은 하고 싶은 것이 없어 낙담하고 걱정했던 내담자가, 학원 수강과 공부에 억압되어 멀리했던 과거의 꿈이나 좋아했던 것을 지금도 여전히 좋아

하고 있다는 것을 알게 되었다. 심리검사 결과의 추천직업 목록에서 관심 직업을 찾아보고, 직업정보를 습득할 수 있는 경로를 알게 되면서 탐색 직업 목록을 기록하기로 하였으며, 이를 바탕으로 지속적인 자신의 진로 탐색을 실행할 수 있도록 하였다.

■ 상담(코칭) 가이드

자신이 무엇을 좋아하는지, 잘하는지 모르고 있어서 꿈이 없다는 내담자(학생)에게는, 무엇보다도 자기 자신을 관찰하고 탐색하게 하는 것이 중요하다. 내담자가 그러한 능력과 지식이 부족하므로, 상담 과정에서 일상생활이나 취미생활 탐색, 좋아하는 교과목 탐색, 과거의 꿈 목록 돌아보기, 진로 포부의 변화 원인 등을 찾아보고 흥미 탐색을 촉진한다. 그런 후, 그것을 바탕으로 직업 탐색이 이루어질 수 있도록 한다. 또한 꿈이 없다고 불안해할 수 있으므로, 낙담하지 않도록 격려하고 상담을 통해 도울 수 있음을 알려주어, 자신의 진로 탐색활동에 적극적으로 참여할 수 있도록 유도한다. 직업정보를 습득할 수 있는 경로를 안내하고, 직업에 대한 구체적인 정보를 알게 하여 자신의 꿈을 찾도록 조력한다. 진로 결정 시에는 자신의 흥미, 적성, 가치관, 성격 등 자신의 종합적 특성과 정확한 직업정보가 바탕이 되어야 하며, 흥미로부터 출발하여 진로 탐색이 이루어지도록 하는 것이 좋다.

진로상담(코칭) 사전 면담지

진로상담(코칭) 사전 면담지

학년/반/번호 _____ 이름: _____ 상담 예약 :

1. 진로상담 신청 동기는 무엇입니까?

2. 선생님께서 무엇을 도와주시면 좋겠습니까?

3. 장래 꿈은 무엇인가요?

3-1. 꿈이 없다면 그 이유가 무엇인가요?

4. 나의 특성

<table>
<tr><td rowspan="10">자기이해</td><td colspan="5" align="center">나의 특성 관련</td></tr>
<tr><td>좋아하는 것</td><td>잘하는 것</td><td>중요하게 생각하는 가치</td><td>나의 희망 직업</td><td>부모님이 원하는 나의 직업</td></tr>
<tr><td></td><td></td><td></td><td></td><td></td></tr>
<tr><td colspan="5" align="center">진학 관련</td></tr>
<tr><td>영재고/특목고 자사고/ 마이스터고</td><td>특성화고 (희망 학과)</td><td>일반고 (인문계)</td><td>희망 대학</td><td>희망 학과 (전공)</td></tr>
<tr><td></td><td></td><td></td><td></td><td></td></tr>
<tr><td colspan="5" align="center">성적 관련</td></tr>
<tr><td colspan="2" align="center">내신 성적</td><td colspan="2" align="center">학원 수강 여부</td><td align="center">이전 상담 경험</td></tr>
<tr><td colspan="2" align="center">최상, 상, 중, 중하, 하</td><td colspan="2"></td><td align="center">유 (____회), 무</td></tr>
<tr><td colspan="2" align="center">동아리 및 봉사활동</td><td colspan="3"></td></tr>
</table>

<table>
<tr><td rowspan="3">기타</td><td>교우 관계</td><td></td></tr>
<tr><td>행동 특성</td><td></td></tr>
<tr><td>참고 사항</td><td></td></tr>
</table>

🪧 진로상담(코칭) 구조화지

사전상담(코칭) 후 내담자(학생)의 진로 유형을 분류하고 다음의 구조화 용지를 활용하여 본 상담(코칭)을 위한 준비를 할 수 있다.

진로상담(코칭) 구조화지				

학년/반/번호_____ 이름:_____ 상담 예약:

진로상담 과정	진로코칭 과정	핵심 질문	사전 준비	참고 사항
사전상담 관계 맺기 내담자 이해	사전코칭 기대목표 (목표설정)			
문제평가 목표설정	현실 인식 대안 탐색			
행동계획 실행계획	실행계획 책무 형성			
종결 추수지도	종결 추후코칭			

3장

의사결정 유형별 진로상담(코칭) 가이드

1. 합리적 의사결정 유형 가이드

- 의사결정 과정에 대한 점검이 필요하다.
- 스스로 지식과 정보를 습득하고 비교 분석도 잘하고 있기 때문에, 칭찬과 지지, 격려가 필요하다.
- 진로계획이나 학습 플랜 등을 살펴보고, 피드백 상담(코칭)이 필요하다.
- 목표를 향한 실행을 점검하고, 실천이 지속될 수 있도록 조력한다.
- 상황의 변화로 결정에 대한 재결정이 필요할 시, 새로운 의사결정을 하도록 결정 과정에서 유연한 사고와 도전정신을 바탕으로 하는 진로탄력성에 대한 조력이 필요하다.

2. 직관적 의사결정 유형 가이드

· 충동적이고 직관적으로 선택하는 경향이므로, 합리적 의사결정 과정에 대한 상담(코칭)이 필요하다.

· 학생(내담자)의 가치관에 대해 이야기하고, 올바른 직업 가치관을 형성할 수 있도록 돕는다.

· 좋아하는 것에 많이 끌리는 유형이므로 적성과 가치관, 성격 등 종합적인 특성을 바탕으로 의사결정이 이루어져야 함을 알도록 돕는다.

· 꿈이 없다고 하는 직관형의 경우, 어떤 사람으로 살고 싶은지 물어보고 돕는다.

3. 의존적 의사결정 유형 가이드

· 심리적 불안이 크므로 아이에 대한 공감과 충분한 수용이 필요하다.

· 앞으로 선택의 순간마다 다른 사람이 도와줄 수는 없다는 것을 알려주고, 선택은 본인이 해야 한다는 것을 알도록 돕는다.

· 합리적 의사결정 방법을 익히도록 의사결정 과정을 설명하고 돕는다.

· 결정을 두려워하지 말고 작은 용기라도 꺼낼 수 있도록 돕는다.

- 의사결정을 잘 하는 가족이나 친구를 통해서 배울 수 있도록 돕는다.
- 의사결정에 대한 책임이 자신에게 있다는 것을 알도록 돕는다.

4장

Holland 흥미 유형별 진로상담(코칭) 가이드

    미국의 심리학자 Holland는 인간의 성격을 바탕으로 개인의 흥미 유형을 6가지로 나누고, 직업 환경도 흥미 유형과 똑같이 6가지로 나눌 수 있다고 보았다. 개인 및 직업의 6가지 유형은, 현실형(Realistic), 탐구형(Investigative), 예술형(Artistic), 사회형(Social), 진취형(Enterprising), 관습형(Conventional)이다. 개인이 자신의 유형과 같은 직업 환경에서 일할 때 직업 만족도가 높다고 보았다.

    안창규(2017)는 Super와 Holland의 개념을 통합한 자신만의 개성인 진로정체성을 말하면서, 이것을 알게 하는 것이 진로상담의 최고의 가치라 하였다. 진로정체성은 한 개인이 유전적으로 받은 재능을 바탕으로 성장하면서 형성된 자신의 독특한 적성이다. 즉, Holland의 6가지 유형 중 어느 유형으로 발달되어 자각(awareness)함으로써, 자신의 진로 유형에 적합한 생활방식(교육, 직업, 여가, 가족생활, 시민적 활동 및 은퇴계획)에 어떻게 적용하는지를 말한다. 진로정체성이 있는 학생은 학업성적이 낮더라도 다른 사람들의 장점에 기죽지 않는 삶을 산다고 하였다.

결국 '나는 누구인가?'를 알게 하는 것이 진로상담의 목표가 되어야 한다. 따라서 Holland에 의하면 진로상담자는 개인의 특성에 적합한 직업을 찾을 수 있도록 과학적인 매칭 작업에 개입하게 되는 것이다.

그러므로 사전 상담(코칭) 후 내담자(학생)에 대한 이해를 위해 내담자(학생)의 홀랜드 유형을 알아보는 것은 의미 있는 일이다. 검사 결과를 보유하고 있다면, 검사 결과와 성격 및 진로 관련 특성 등을 참고하여 본 상담(코칭)을 준비한다. 본 장(章)에서는 내담자(학생)가 각각의 유형에 속해 있을 때 어떻게 상담(코칭)하면 도움이 되는지를 기술한다.

1. Realistic(현실형, 실재형, 현장형) 내담자를 위한 가이드

■ **성격 특성**

· 소박하고 솔직하고 단순하다.
· 통찰에 큰 의미를 부여하지 않으며, 실제적이고 겸손하다.
· 허례허식이나 체면치레보다는 실용적인 것을 중시하는 경향이 있다.
· 어떤 면에서는 다소 독단적이기도 하다.
· 자신의 생각이나 감정을 쉽게 언어로 표현하지 못한다.
· 자신을 신체적으로 강인하다고 생각한다.

- 자신을 실질적이고 물질주의적이며 부끄러움을 잘 타고 단순한 사람이라고 여긴다.

■ 진로 관련 특성

- 기계를 다루거나, 기술을 필요로 하는 업무를 빠르게 익힌다.
- 필요한 현실적 정보를 얻는 데 진로상담 동기가 있다.
- 모든 정보를 꼼꼼히 살핀다기보다는 직관적으로 판단하는 경향이 있다.
- 타인의 의견에 의존하는 경향도 보인다.
- 진로 의사결정 유형이 직관형, 의존형의 경향이 있다.
- 특정 분야에 관심을 나타내면서 그 직업을 선택한 이유를 자신의 생각보다는 타인에게 들은 정보를 바탕으로 일반화하려는 경향이 있다.
- 다양한 대안을 고려하거나 탐색하기보다는 본인이 이미 관심 있는 한 방향의 직업군에만 열정을 가질 가능성이 높다.
- 어떤 직무 시작 전에 미리 기술과 자격을 갖추는 것을 중요하게 생각한다.

■ 상담(코칭) 가이드

- 내담자의 관심 분야를 확인하고 객관적인 정보와 구체적인 데이터를 제시한다.
- 내담자가 현실적인 계획을 수립할 수 있도록 한다.

- 회기 내에 다루어 줄 수 있는 충분한 정보와 상담 내용을 구성하려고 노력해야 한다.
- 개개인의 특수성을 고려한 구체적인 상담 내용을 잘 수용하므로, 관련 정보를 상세하게 설명한다.
- 자신이나 직업에 대한 잘못된 일반화를 찾아서 수정한다.
- 미결정자의 경우 해당 정보가 구체적이고 정확한지 확인 과정이 필요하다.
- 실제적 접근으로 현실적 조언이 효과적이다.
- 다양한 대안 탐색 및 정서적 지지는 싫어한다.
- 마무리에 명백한 활동 계획 제공, 구체적인 계획 세우기에 대해 돕는다.
- 원하는 정보가 분명하므로 회기 내에 충실한 상담 진행을 목표로 하는 것이 좋다.

2. Investigative(탐구형) 내담자를 위한 가이드

■ **성격 특성**
- 사물이나 현상을 바라볼 때 분석적이고 개방적인 시각을 가지고 있다.
- 매사에 이성적이고 지적인 판단을 하고자 하며, 현학적인 태도를 가진다.

- 광범위한 호기심을 가지고 충분한 시간을 들여 현상에 대해 탐구하곤 한다.
- 신중하고 합리적이며 많은 생각을 하는 경향이 있다.
- 자신의 학문적 능력이나 지적인 능력에 대해 자신감을 느끼고 있다.
- 스스로 리더십이나 설득력이 부족하다고 여긴다.
- 일 중심적이며, 자신이 맡은 문제에 몰두하는 자기 동기부여가 높다.

■ 진로 관련 특성

- 진로상담(코칭) 동기는 자기분석이나 지식을 얻기 위함이다.
- 상황 분석에 오랜 시간이 걸리므로 결정이 늦어지는 경향이 있다.
- 자기 자신에 대해 알고 싶어 하며, 자기분석에 관심이 많다.
- 자신의 진로에 대해 일시적인 계획을 세우기보다는 여러 측면으로 깊이 생각해 보고 결정한다.
- 한번 결정하고 나면 확신을 한다.
- 진로계획까지는 무난하게 잘 세울 수 있다.
- 행동으로 연결되는 데에는 지나치게 오랜 시간이 걸리거나 머뭇거린다.

■ **상담(코칭) 가이드**

· 구체적이고 명확한 진로계획을 수립하고, 지침처럼 활용할 수 있도록 해야 한다.

· 신속한 실행에 대한 조력이 필요하다.

· 자신에 대한 분석과 많은 생각으로 시간을 소비하지 않도록 아예 하루 일정에 '생각 시간'을 넣어서 계획하는 것도 좋은 방법이다.

· 심리검사를 통한 자기분석을 활용하는 것이 도움이 된다.

· 심리검사를 통한 직업 탐색과 정보습득에 도움을 주도록 다양한 정보를 제공한다.

3. Artistic(예술형) 내담자를 위한 가이드

■ **성격 특성**

· 상상력이 풍부하고 감수성이 예민하며 독창적이고 창의적이다.

· 내면세계에 대한 표현, 평등을 중요한 가치로 여긴다.

· 틀에 짜인 생활에 어려움을 느끼고, 규칙이나 반복, 관례에 순응하지 않는다.

· 어떤 판단을 할 때는 대체로 직관적이다.

· 자유분방하고 타인의 시선에 구애받지 않는다.

· 즉흥적이고, 지나치게 다양한 가능성 등 많은 생각을 하는 경향이 있다.

■ 진로 관련 특성

· 상상력이 풍부하고 직관적이며 즉흥적이고 잘 순응하지 않는 특
  성이 있다.

· 진로 의사결정에 있어서 탐색해 보거나 확정짓기보다는, 상황에
  부딪히면 직관적으로 결정하기 쉽다.

· 타인의 조언보다는 스스로 선택하는 경향이 있다.

· 참여적이고 표현적이며, 예술적 창의성과 관련하여 관심을 가
  진다.

■ 상담(코칭) 가이드

· 목표에 관한 큰 그림을 그린 후에 다양한 가능성을 탐색하도록
  해야 한다.

· 정형화된 답변에 거부감이 있으므로, 특화된 맞춤형 답변에 대
  한 준비가 필요하다.

· 진로상담(코칭)을 말로만 진행하기보다는 활동 상담을 섞으면
  좋다. (자신의 미래를 그림, 만화, 소설 등으로 표현하는 등)

· 다양한 생각과 대안을 만들어 낼 수 있는 브레인스토밍 기법을
  활용하면 좋다.

· 직업에 대한 환상이 있을 시, 현실적 직업 정보를 제공하는 것이
  좋다.

4. Social(사회형) 내담자를 위한 가이드

■ 성격 특성

· 명랑하고 사람을 좋아하며 사교적이다.

· 타인을 배려하고 동정심이 많으며 대인관계에 소질이 있다.

· 사람들에게 친절하고 이해심이 많다.

· 어려운 처지에 있는 사람들을 도와주려 하고 협력적이다.

· 사회적 가치를 중시하고 융통성 있게 세상을 보는 경향이 있다.

· 감정적이고 대인관계를 중요시하는 특성이 있다.

· 사람들과의 정서적 교류를 선호한다.

■ 진로 관련 특성

· 중요한 가치는 '사람'과 '관계'이다.

· 자신의 진로 의사결정 전에 타인의 지나친 동의를 원하고 타인의 영향을 받는 경향이 있다.

· 정보수집 시 논리적인 분석력이 부족한 경향이 있다.

· 직업 선택에 있어서 타인을 기쁘게 하거나 타인에게 도움을 주는 직업을 선호한다.

· 사람들과 더불어 일하는 환경을 선호한다.

■ 상담(코칭) 가이드

· 외부의 긍정적인 피드백이 부족하면 매우 낙담하므로 상담 과정

에서 적극적인 긍정적 피드백이 필요하다.

- 내담자의 반응이나 행동에 적극적인 피드백과, 필요시에는 긍정적 지지와 격려를 한다.
- 상담자와 내담자의 라포르 형성이 매우 중요하다.
- 다양한 대안 중 최적의 안을 찾을 수 있도록, 직접 직업을 경험하거나 관찰하는 방법을 권해 보는 것이 좋다.
- 주변 인물과의 관계 탐색이 필요하다.
- 주변 인물이 실제 진로 목표 수립과 진로 선택에 어떤 영향을 미치고 있는지 파악해 볼 필요가 있다.
- 상담 내용을 얼마나 신뢰하고 있는지, 상담 중에 점검이 필요하다.
- 타인에게 인정받지 못하는 결정에 대한 두려움을 느끼기 때문에 가능하면 친구나 부모님 등 주변 사람들과 자신의 진로 의사결정 과정을 공유하도록 제안한다.
- 사람들과 함께 직업정보를 수집하고 직업을 선택해 가는 과정 자체를 즐기는 경향이 있으므로, 면접, 역할극 등 다양한 체험을 통해 진로 고민을 즐거운 작업으로 느끼게 하는 것이 필요하다.

5. Enterprising(진취형, 기업형, 사업형) 내담자를 위한 가이드

■ 성격 특성

· 열정적이고 모험적이며 지도력이 뛰어나다.

· 경쟁적이고 야심이 있으며 외향적이다.

· 통솔력이 뛰어나며 지배력이 있고 권력 지향적이다.

· 타인을 잘 설득하고, 영업능력, 대인관계능력이 좋다.

· 다른 사람과 함께 일하며 경쟁하는 활동을 선호한다.

· 자신이 다른 사람들을 효율적으로 통제할 수 있다고 생각한다.

■ 진로 관련 특성

· 주도적으로 진로 상황을 탐색하고 결정하려 한다.

· 주어진 정보를 꼼꼼히 보거나 계획적으로 행동하지 않는 편
이다.

· 진로 의사결정을 성급하게 내리는 경향이 있다.

· 자신감이 있으며 무엇이든 잘 할 수 있을 것이라고 생각하는 경
향이 있다.

· 진로에 대해 낙천적인 경향이 있다.

· 마음먹은 대로의 결정에 고민이 길지 않아 일의 추진력이 뛰어
나다.

· 긴 내용을 읽게 하거나 서술형 질문지에 답하는 형식의 검사 종
류는 꺼린다.

■ 상담(코칭) 가이드

· 수집된 정보를 체계적으로 정리하지 않은 채로 서둘러 의사결정을 할 수 있으므로 합리적 의사결정을 할 수 있도록 조력한다.

· 회기 중 집중적으로 상담하는 것이 적합하다.

· 상담 초기에 상담 목표 등의 구조화가 명확해야 한다.

· 내담자의 생각을 진로 탐색에 반영하게 함으로써, 진로 의사결정에 적극적으로 참여시키는 것이 좋다.

· 언어 상호작용을 선호하므로 자신을 표현할 수 있는 형태의 참여 기회 정보에 대한 안내가 필요하다.

6. Conventional(관습형, 사무형)의 내담자를 위한 가이드

■ 성격 특성

· 책임감 있고 빈틈이 없으며 계획적이다.

· 조심성이 있고, 변화보다는 안정을 추구한다.

· 순응적이고 보수적인 특징이 있다.

· 성실하고 꼼꼼하며 주어진 일을 묵묵히 잘 수행한다.

· 자신을 잘 통제하고 신뢰하는 경향이 있다.

■ 진로 관련 특성

· 계획을 세우고 계획대로 진행되는 것을 편안하게 느낀다.

- 계획대로 진행되지 않았을 때, 심리적인 불안감을 느끼는 경향이 있다.
- 진로미결정을 매우 불안해하고, 스트레스 상황이라 간주한다.
- 계획을 세워 신중하게 진로 의사결정을 하는 경향이 있으나, 타인의 결정에 더 따르는 편이다.
- 때론 엄격한 계획 때문에 결정이 지체될 수 있다는 문제가 있다.
- 다른 유형에 비해 성실하게 심리검사에 임하는 편이다.
- 인내심이 있고 효율성과 정확성을 요구하는 일을 선호한다.
- 보수적이며 안정적인 것을 선호한다.
- 관습형 내담자는 진로상담(코칭)을 통해 답을 얻고자 하는 경향이 있다.

■ 상담(코칭) 가이드

- 구조화된 상담을 좋아하므로 체계적인 사전 준비가 반드시 필요하다.
- 상담의 전 과정을 비교적 상세히 알려 주면 효과적이다.
- 상담을 통해 얻게 될 것이 무엇인지 자세히 알려 주는 것을 원한다.
- 상담의 긍정적인 효과를 미리 알려 주고 관련 작업을 선행하는 것이 좋다.
- 미결정에 대한 불안한 마음을 가지므로 시간에 쫓겨 성급한 결정을 내리지 않도록 조력한다.

- 자기인식 단계에서는 측정도구를 활용하는 것이 효과적이다.
- 직업정보 탐색에 컴퓨터 활용이 효과적이다.
- 진로 의사결정 절차를 단계적으로 안내하여 주도적으로 계획할 수 있도록 해야 한다.
- 진로 설계에서 다양한 변수와 변화가 존재하므로 이를 대처해 나갈 수 있게 한다.
- 계획과 다르게 진행되더라도 불안을 느끼지 않도록 조력한다.

■ 나에 대한 신념 알아보기

내담자(학생)에 대한 이해를 위해 내담자(학생)의 홀랜드 검사 결과를 필요로 하지만, 검사 결과를 보유하고 있지 않을 때는, 사전 상담(코칭) 시에 다음과 같은 자기의 신념 알아보기를 통해 간단히 홀랜드 유형을 예측해 볼 수도 있다. 내담자(학생)가 문항을 읽고 오른쪽 칸에 순위(1~6)를 매기도록 한다. 단점은 표준화된 결과가 아니기 때문에 단순히 유형만 예측해 보는 것으로, 참고할 만한 수준이다. A는 현실형, B는 탐구형, C는 예술형, D는 사회형, E는 진취형, F는 관습형의 특성으로 이해할 수 있다.

유형	자기에 대한 신념	순위 (1~6)
A	·나는 실제적이고 신체적으로 강인하다고 생각한다. ·나는 기계를 다루거나, 기술을 필요로 하는 업무를 빠르게 익힌다. ·나는 생각이나 감정을 쉽게 언어로 표현하지 못한다. ·나는 내가 물질주의적이고 부끄러움을 잘 타며 단순한 사람이라고 여긴다. ·나는 허례허식이나 체면치레보다는 실용적인 것을 중시하는 경향이 있다. ·단순하고 소박한 편이지만, 어떤 면에서는 다소 독단적이기도 하다.	
B	·나는 나의 학문적 능력과 지적인 능력에 대해 자신감을 느끼고 있다. ·나는 리더십이나 설득력이 부족하다고 여긴다. ·나는 어려운 문제를 풀기 위해 몰두하는 편이다. ·나는 사물이나 현상을 바라볼 때 분석적이고 개방적이다. ·나는 매사에 이성적이고 지적인 판단을 하려고 한다. ·나는 다양한 것에 호기심과 탐구심이 있다고 생각한다.	
C	·나는 정서에 민감하여 감수성이 예민하다고 생각한다. ·나는 어떤 활동에 참여적이고 표현적이라고 생각한다. ·나는 상상력이 풍부하고 예술적 창의성을 갖고 있다고 여긴다. ·나는 판단을 할 때 주로 직관적인 편이라고 생각한다. ·나는 자유분방하고 타인의 시선에 크게 구애를 받지 않는다.	
D	·나는 협력적이고 친근감을 주는 사람이라고 생각한다. ·나는 관대하고 설득력이 있으며 다른 사람들을 잘 도와준다. ·나는 개방적인 신념체계를 가지고 있으나, 다소 전통적이고 관습적인 가치를 고수하기도 한다. ·나는 사람을 좋아하고 사교적이라고 생각한다. ·나는 타인을 배려하고 동정심이 많으며 대인관계에 소질이 있다고 여긴다.	
E	·나는 스스로 야심 있고 모험을 즐긴다고 생각한다. ·나는 타인을 잘 설득하며 리더십이 있다고 생각한다. ·나는 다른 사람과 함께 일하며 경쟁하는 활동을 선호한다. ·나는 다른 사람들을 효율적으로 통제할 수 있다고 생각한다. ·나는 대인관계능력이 있고 자신감이 있으며 사교적이라고 여긴다. ·나는 활기차고 낙천적이라고 여긴다.	
F	·나는 성실하고 꼼꼼하며 주어진 일을 묵묵히 잘 수행한다고 생각한다. ·나는 스스로를 보수적이며 안정적이라고 생각한다. ·나는 자신을 잘 통제하며 신뢰할 수 있다고 여긴다. ·나는 인내심이 있고 효율성과 정확성을 요구하는 일에 자신 있다. ·나는 안정적 지위와 경제적 보상을 중요하게 생각한다. ·나는 조심성 있고, 변화보다는 안정을 추구한다고 여긴다.	

출처: 고용노동부, 한국고용정보원(2015). 사이버 진로·직업 상담노트. 참고 재구성

5장

진로 교사를 위한 Holland 이론 플러스(+)

1. 자신 있게 다룰 수 있는 심리검사 도구가 있는가?

학교에서 학생의 특성을 알고 교육활동 지도 자료로 활용하고자 단체 표준화 심리검사를 실시하게 된 것은 오래되었다. 나이 30대 이상이 기억하는 학창 시절 표준화 검사는, 학교에서 단체로 실시했던 능력을 알아보기 위한 적성검사나 지능검사가 대표적일 것이다. 그러나 인간의 지적 역량이 다양한 요소로 구성된다고 설명하는 하워드 가드너(Howard Gardner)가 1983년에 다중지능이론을 소개하면서, 이제는 지능보다는 강점에 초점을 맞추고, 재능을 지능으로 보는 시대가 되었다. 대표적인 학교 표준화 검사인 기존의 지능검사를 단체로 실시하는 학교는 이제 거의 찾아보기 어렵다. 필요한 사람만이 개인적으로 기관을 방문해서 실시하는 정도이다.

종래 지능검사 중심의 표준화 검사는 중·고등학교에 진로교사를 배치하면서 크게 변화했다. 심리검사를 취급하는 기관도 우후죽순으로 생겨나고, 흥미, 적성, 인성, 진로, 학업, 지능, 진학, 중독 등 검사의 영역과, 영역별 검사의 종류 또한 다양해졌다. 학생들은 초·중·고등학교 재학 중에 여러 종류의 검사를 경험하고 그 결과지를 받게 된다. 해마다 실시하는 학생의 표준화 심리검사 결과지는 학생이나 학부모뿐만 아니라 교사에게도 소중한 지도 자료로 쓰인다. 학생 개인의 특성 및 정보를 제공하여 학생의 진로지도, 학습지도, 생활지도를 하는 데 있어 좋은 참고 자료가 되기 때문이다.

학교에서 표준화 심리검사 업무를 다루고, 결과를 바탕으로 진로상담을 고유 업무로 맡고 있는 진로교사라면, 영역별 대표 검사들에 대한 전문적 지식은 물론이고, 사례를 중심으로 한 결과를 해석하는 노하우가 필요하다.

국내에서 진로 탐색 검사로 사용되고 있는 진로검사들을 보면, 흥미검사, 적성검사, 진로 성숙도 검사, 가치관 검사가 주를 이룬다. 이 검사들의 기저에는 성격 이론이 자리 잡고 있다. 학자들에 따르면, 사람은 성격의 특성대로 직업을 선택하고, 대인관계도 맺으며, 업무 환경을 선호할 뿐 아니라 공부하는 것도 마찬가지라고 한다.

자신의 흥미와 적성, 가치관의 교집합을 알고, 그것을 기준으로 진로를 찾는 것이 제일 바람직하다 하겠다. 하지만 현재 자기 색깔을 찾는 과정이라면, 가장 기본은 흥미에서 출발하는 것이 일반적이다. 흥미를 찾는 여러 방법 중에 진로 흥미검사는 빠른 시간에 객관적으로 피검사자의 흥미 정보를 제공하는 장점이 있어 학교에서도 많이 활용하고 있다.

시중의 진로 탐색을 위한 흥미검사들은 성격을 바탕으로 한 홀랜드 이론에 근거하여 만들어진 검사들이 대부분이다. 따라서 흥미검사 결과를 바탕으로 하는 진로상담의 경우에, 홀랜드 이론에 대한 정확한 이해가 있어야 근거 있는 정보를 제시하고, 개인의 프로파일 해석을 올바르게 할 수 있다. 진로교사 스스로 홀랜드 이론에 대한 가정 및 개념을 알고 육각형 모양에 따른 적절한 프로파일 해석 능력을 갖추고 있는지 자문해 볼 필요가 있다. 이는 다른 심리검사들과 조합하여 학생의 자기이해를 돕는 데 꼭 필요하기 때문이다. 이에 본 장(章)에서는 진로교사를 위한 홀랜드 이론의 핵심만을 일목요연하게 정리하였다.

2. 홀랜드 이론의 가정과 주요 개념

▶ **John L. Holland(1919~2008)**

- 직업선택이론(theory of career choice)을 개발한 미국의 심리학자이다. 그는 직업 선택을 성격의 표현으로 보았으며, 개인의 직업 선호도를 기반으로 하여 육각형 모양의 도안을 발표하였다.
- 칼 융의 심리 유형론을 바탕으로 한 MBTI 성격 유형 검사가 대인관계 및 삶에서의 개인의 선호 경향을 설명하는 검사라면, 홀랜드 검사는 성격 유형에 따른 개인의 직업 선호도를 나타내는 검사이다(고용노동부, 2014).

▶ 홀랜드 이론의 기본 가정

- 첫째, 사람과 환경 각각은 현실형(R), 탐구형(I), 예술형(A), 사회형(S), 진취형(E), 관습형(C)의 6가지 흥미 유형으로 분류할 수 있으며, 환경 유형은 동일 유형의 사람이 지배한다고 본다. 즉, 현실형의 환경은 현실형 유형의 사람에 의해 지배된다는 것이다.
- 둘째, 사람들은 자신의 흥미 유형에 부합되는 직업 환경을 추구한다. 즉, 예술형(A)의 흥미가 있는 사람이라면 예술형(A) 환경을 추구하여 자신의 기술과 능력을 발휘하고 태도와 가치를 표현하고자 하는 것이다.
- 셋째, 개인 흥미 유형과 환경이 얼마나 일치하는가에 따라 직업 선택, 직업 변화, 직업 성취, 개인능력 등을 예견할 수 있는 것으로, 개인의 행동은 흥미와 환경적 특성 사이의 상호작용으로 결정된다고 본다.

▶ 주요 개념

- **일관성**(Consistency)

검사 결과 개인 성격 유형의 첫 번째와 두 번째 유형이 얼마나 비슷한 특성을 가진 유형인가를 말한다. 즉, RIASEC에서 인접한 유형은 밀접한 관계가 있고, 비슷한 성격 특성이 있다고 보는 것이다. 예컨대, 검사 결과가 현실형(R), 탐구형(I)이라면 일관성이 높고, 현실형(R), 예술형(A)이라면 일관성이 중간이며, 현실형(R), 사회형(S)이라면 일관성이 낮다고 말할 수 있다. 이것은 어떤 직업을 얼마나 더 선호

할 것인가에 영향을 주는 개념이다.

■ 변별성(Differentiation)

사람이나 환경이 얼마나 잘 구별되고 규정되는가를 나타내는 정도이다. 즉, 어떤 성격과 환경이 다른 성격이나 환경에 비교해서 얼마나 두드러지고, 구별되는가의 정도를 나타내는 개념이다.

■ 정체성(Identity)

개인과 환경이 얼마나 분명하고 안정되어 있는가를 의미하는데, 개인의 정체성은 '개인이 자신의 인생 목표, 흥미, 재능에 대해 분명하고 안정된 생각이 있는가?'이고, 환경의 정체성은 '환경이나 조직이 목표, 직무, 보상에 있어서 얼마나 일관성이 있는가?'의 여부로 설명할 수 있다.

■ 일치성(Congruency)

개인의 성격 유형과 환경의 유형이 일치하는 것을 의미한다. 환경은 그 환경에 부합한 유형의 사람들에게 더 많은 기회와 보상을 제공한다. 즉, 개인은 자신의 성격 유형과 같은 환경에서 활성화되기 때문에 홀랜드 이론의 일치성 개념은 진로상담에서 매우 중요한 의미가 있다.

3. 홀랜드 흥미 유형의 핵심 특성

구분	취미	성격 및 가치관	관련 능력
R	·자동차 등 중고제품 수리 ·야외스포츠, 자동차, 비행기, 선박 관련 잡지나 서적 읽기 ·사냥, 낚시, 캠핑, 암벽 등반 ·레포츠기구 조작(모터보트, 사이클, 스노보드) ·육체적으로 위험한 활동 (스카이다이빙, 카레이싱)	·안정적 감정, 신뢰감을 줌 ·실제적이고 검소하고 꾸준함 ·수줍고 겸손함 ·타인의 관심이 부담스러움 ·자신에 대한 표현 미숙 ·보수적 가치관 ·급진적 변화 수용 느림	·기계 조작, 설계능력 ·상황에 맞는 기계 기구 활용 능력 ·민첩한 운동능력 ·신체적 강인함
I	·가족보다는 자신의 일에 더 많은 시간을 보냄 ·복잡한 세부사항을 알아야 하는 활동들에 관심 (스쿠버다이빙 등) ·프로그래밍, 평가, 토의 ·독서 ·천문학 ·바둑, 체스 ·조류 관찰	·독립적이고 스스로 알아서 함 ·수줍고 내성적임 ·분석적이고 호기심 많음 ·일 중독, 일 중심 ·학구적이고 지적 능력에 대한 확신 ·독창적이고 창조적임 ·비순응적 가치관과 태도	·과학능력 ·분석능력 ·수학능력 ·논문, 보고서 쓰는 능력 ·어렵고 추상적 문제 해결 하는 능력
A	·드로잉, 스케치, 그림 그리기 ·사진 찍기 ·음악, 무용 공연 관람 ·연극, 박물관, 미술관 관람 ·시나 소설 창작 ·미술 작품 수집 ·악기 연주 ·무용, 춤추기	·독립적이고 비순응적임 ·충동적이고 표현적임 ·낭만적이고 자유로운 정신 ·직관적이고 복잡함 ·민감하고 정서적임 ·미적인 것에 관심	·창조성, 상상력 ·언어능력 ·미술능력 ·음악능력 ·연기력
S	·타인을 즐겁게 함. ·집회, 모임 참석 ·지역봉사단체, 자원봉사 참여 ·단체모임 조직 ·예술적, 야외, 자연활동	·인간적이고 이상적임 ·윤리적이고 책임감 강함 ·재빠르고 협조적임 ·친절하고 관대함 ·이해심 많고 통찰력 있음 ·친구처럼 정답고 쾌활함 ·타인의 복지에 관심	·사회적 대인관계 기술 ·언어능력 ·교육능력 ·청취능력 ·타인 이해, 공감능력

E	·단체나 조직에 가입 ·스포츠 게임 ·사교모임 ·정치활동 ·집회 참석	·지위에 관심 ·야망 있고 경쟁적임 ·사회적이고 말을 잘함 ·재치 있고 논쟁을 잘함 ·공격적임 ·모험심 있고 위험한 일 감행 ·낙천적, 열정적, 인기 있음 ·돈, 권력, 물질적 소유 관심	·대중연설, 설득, 판매활동 에 맞는 언어구사력 ·사회적 대인관계 기술 ·리더십 ·활달함, 열정, 낙천성 ·조직의 목표와 금전적 성공에 집중하는 능력	
C	·수집(우표, 동전 등) ·모형 조립하기 ·사적 소모임 ·규칙이 명백한 게임	·양심적, 인내성 있음 ·실용적임 ·자제하는 편이고 보수적임 ·규칙적이고 체계적임 ·정확함 ·조심성 있고 통제적임 ·돈, 물건 소유에 대한 조심성	·효율성, 조직화 ·시스템, 자료정리 ·수학능력 ·상세한 서류작업에 대한 끈기 ·사무기기 조작능력 ·완벽성	

출처: 어세스타, 커리어전문가 안내서, p.117~118.

4. 홀랜드 유형별 특성의 공통점과 차이점

▶ R 유형과 I 유형 : 사물 중심, 비사회적

· R 유형 : 도구, 기계 중심의 사물

· I 유형 : 관념적, 이론 중심의 사물

▶ I 유형과 A 유형 : 개인적, 창의적

· I 유형 : 지적 아이디어나 창의력 관심.

· A 유형 : 감성 아이니어니 창작 중심 창의력 관심

▶ A 유형과 S 유형 : 감정을 중요시함.

· A 유형 : 개인적 감정을 중요시함.

· S 유형 : 사회적 관계와 관련된 감정을 중요시함.

▶ **S 유형과 E 유형 : 사람 중심, 사회적**

· S 유형 : 협동적, 공감적 측면의 사람 중심

· E 유형 : 지배적, 경쟁적 측면의 사람 중심

▶ **E 유형과 C 유형 : 경제적, 실리적**

· E 유형 : 큰 경제 관심

· C 유형 : 정확한 경제관념

▶ **C 유형과 R 유형 : 손재주, 구체적**

· C 유형 : 작은 손재주, 꼼꼼함.

· R 유형 : 도구 중심의 큰 손재주

5. 흥미 유형과 기대 행동

홀랜드는 개인의 흥미 유형에 따라 그 사람의 행동 대부분을 예측할 수 있다고 가정하고, 흥미 성격유형과 그에 따른 행동 특징에 관한 몇 가지 중요한 가정들을 제시하였다. 일관성, 변별성, 정체성이 높을수록 아래의 가정이 실제로 일어날 가능성이 높다고 보았다(고용노동부, 2014).

1) 진로

· 개인의 흥미 유형은 진로 선택의 일차적 방향을 결정하고, 두 번

째, 세 번째 유형은 제2의 또는 제3의 방향 결정에 영향을 미친다.
- 개인의 흥미 성격유형으로 개인의 직무수행, 작업 스타일, 선호하는 역할의 특징들을 예견할 수 있다.

2) 포부와 성취 수준

- 포부에 대한 높은 열망

  진취형 〉 사회형 〉 예술형 〉 탐구형 〉 관습형 〉 현실형
- 직업적 성취 수준

  진취형 〉 사회형 〉 예술형 〉 탐구형 〉 관습형 〉 현실형
- 직업을 창의적으로 성취할 가능성

  예술형 〉 탐구형 〉 사회형 〉 진취형 〉 현실형 〉 관습형

3) 교육적 행동

- 교육에 관한 포부

  탐구형 〉 사회형 〉 예술형 〉 관습형 〉 진취형 〉 현실형
- 교육에 관한 성취

  탐구형 〉 사회형 〉 예술형 〉 관습형 〉 진취형 〉 현실형

4) 사회적 행동

- 흥미 성격유형은 개인이 사회활동에 참여하는 정도와 지도력을 결정한다.
- 흥미 성격유형은 직업 이외의 활동과 여가활동을 결정한다.
- 흥미 성격유형은 타인에 대한 개인의 경향과 반응을 결정한다.
- 대인관계 능력

  사회형 > 진취형 > 예술형 > 탐구형 > 관습형 > 현실형

6. 프로파일 해석 Tip

1) 프로파일에 제시되는 점수

육각형에 제시되는 점수는 검사자의 개발 의도에 따라 검사별로 다를 수 있다. 주로 사용되는 점수의 개념 설명이다.
- 원점수: 개인 내적인 흥미 점수
- T 점수: 원점수를 평균 50, 표준편차 10으로 표준화한 점수, 자신의 점수가 전체 평균과 비교하여 어느 정도 높고 낮은지를 상대적으로 보여줌.
- 백분율: 전체 피검사자 중에서 차지하는 비율(숫자가 클수록 높음)
- 백분위: 전체 피검사자를 100명이라고 가정할 때 상대적 위치

(숫자의 의미는 100명 중 자신보다 못한 사람 수. 예컨대, 나의 탐구형(I) 백분위가 90이라면 나보다 못한 사람이 90명이고, 나는 100명 중 상위 10번째)

2) 프로파일 해석 Tip

홀랜드 SDS 진로탐색검사를 비롯한 흥미를 알아보는 많은 진로 심리검사들은 대부분 홀랜드의 성격이론을 바탕으로 한다. 따라서 흥미검사라고는 하지만 성격을 중심으로 하여 흥미를 알아보기 때문에, 검사 결과를 보면 성격 특성을 중심으로 설명되어 있다. 엄밀히 본다면 성격검사라고 해도 과언이 아니다.

결과지 프로파일을 해석할 때에는, 피검사자 개인의 성격이 전반적으로 어떠한지 먼저 프로파일의 모양을 본다. 어떤 유형으로 분화되어 있는지를 살펴본 후, 그에 따라 무엇을 좋아하고 싫어하는지, 중요하게 생각하는 가치관이나 자기인식은 어떠한지 등 개인의 특성을 파악한다. 그리고 능력과 가치실현을 위한 적합한 직업 환경이 무엇인가에 초점을 맞춘다. 이를 통해 개인의 삶의 질과 만족도를 높일 수 있도록 큰 그림으로 보는 것이 필요하다.

① 바람직한 프로파일

사람은 누구나 6가지 유형을 모두 가지고 있다. 단지 유형마다 점수의 높고 낮음이 있을 뿐이다. 즉, 사람은 6가지 성격적 특성을 모두

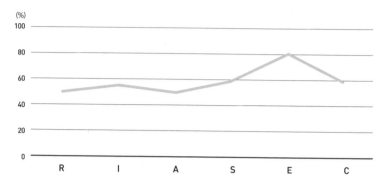

바람직한 프로파일

가지고 있으나, 어떤 특성이 특히 높고 낮은지의 개념으로 이해할 수 있다. 그리고 개인을 제외한 나머지 모두를 환경으로 본다. 사람은 하루에도 수없이 6가지 유형의 환경에 노출된다. 그러므로,

- 어느 환경에서나 최소한의 어려움 없이 적응하기 위해서는 각 유형의 점수가 고루 평균 정도는 필요하다.

- 다른 유형에 비해 어느 한 유형이 특별히 점수가 높다면, 흥미 분화(변별)가 잘 되어 있다고 이해할 수 있다. 높은 점수 유형의 직업 환경에 대한 탐색을 통해 진로를 선택할 수 있으므로, 이러한 프로파일은 진로 선택에 있어서 진로 방향을 쉽게 정할 수 있다.

- 두 번째 높은 점수가 첫 번째로 높은 점수와 인접해 있는 유형이라면 일관성이 높다고 볼 수 있으며, 이는 첫 번째 유형의 흥미를 도와 직업의 세부 업종, 직무나 업무 선택에 중요한 역할을 할 수 있을 것이다.

- 따라서 가장 바람직한 프로파일 모양은 6가지(RIASEC) 전 유형

의 점수가 평균 근처에 있으면서 어느 한 유형의 점수가 특히 높고, 그다음 높은 유형이 가장 높은 유형과 인접해 있는 모양이라고 볼 수 있다.

② 특이한 프로파일

▶ 대부분 낮은 점수의 프로파일 Tip

피검사자가 흥미를 묻는 문항에 대부분 '싫어한다'고 응답한 경우 이러한 프로파일이 나올 수 있다. 꺾은선 그래프로 그린다면 X축에 거의 붙을 정도로 낮게 깔린 모양이고, 홀랜드 육각형으로 본다면 원점 가까이 아주 작은 모양의 육각형을 그리게 된다.

이런 내담자의 경우는 먼저 프로파일이 낮게 나온 원인을 파악해 보아야 한다. 원인으로 볼 수 있는 것은 직업 세계에 대한 이해와 정보 부족, 진로 정체성이나 진로 성숙의 미발달, 낮은 자존감과 부정적 사고, 검사 당시 정서 상태 불안, 문화적 차이, 우유부단함 등이다.

대부분 낮은 점수 프로파일

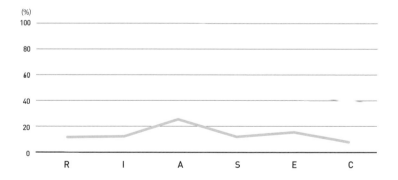

▶ 프로파일 해석

- 검사 결과를 보고 내담자가 부정적이거나 실망하지 않도록 하고, 모든 점수가 낮게 나온 것에 대해 어떻게 생각하는지 자유롭게 말할 수 있게 한다. 어떤 경우에 낮게 나올 수 있는지를 설명하고 본인에게 해당되는 것이 있는지, 그 원인과 대안은 무엇인지 탐색한 후, 필요하다면 재검사를 받도록 권유한다.
- 피검사자의 점수를 규준집단과 비교하지 말고, 내담자의 내적인 흥미 비교를 통해 모든 점수가 낮음에도 불구하고, 그중에서 좀 더 높은 흥미 분야를 알아보고, 가치 있는 정보를 찾아내어 긍정적 측면의 강조와 함께 직업정보 습득 경로를 안내하고 격려한다.

▶ 대부분 높은 점수의 프로파일 Tip

피검사자가 흥미를 묻는 문항에 대부분 '좋아한다'고 응답한 경우

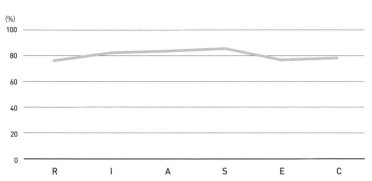

대부분 높은 점수 프로파일

이러한 프로파일이 나올 수 있다. 꺾은선 그래프로 그린다면 X축 위에 높게 그려지는 모양이고, 홀랜드 육각형으로 본다면 아주 큰 모양의 분화(변별)되지 않은 육각형을 그리게 된다.

이런 내담자의 경우 역시 먼저 프로파일이 높게 나온 원인을 파악해 보아야 한다. 정말로 좋아하는 분야가 많은 것인지, 아니면 다른 요인이 있는지 확인이 필요하다. 원인으로 볼 수 있는 것은, 실제 다양한 분야의 흥미가 있는 경우, 부정적으로 보일까 두려운 마음, 선택의 폭을 좁히지 않고 남겨두고 싶은 마음, 낙천적 성격으로 아직 모르거나 경험해 보지 않은 것에 대해 싫다고 하기를 꺼리는 경우, 긍정 대답을 해야 타인을 기쁘게 한다고 믿는 마음인 경우가 있다.

▶ 프로파일 해석

- 어떤 편견 등 다른 이유로 진짜 흥미 반영이 안 된 경우 재검사를 권유해 볼 수 있다. 또 호기심이 많고 좋아하는 것이 너무 많은 경우라면, 심사숙고하여 '정말 좋아하는 것'만 '좋아한다'에 체크하고, 나머지는 '싫어함'이나 '보통'에 표시하도록 오리엔테이션 후, 다시 검사해 본다.
- 내담자의 다양한 흥미를 직업에서 충족시킬 수 있는 흥미 분야와 봉사나 취미생활로 충족 가능한 흥미 분야로 구분하게 하고 직업 탐색 계획을 세우게 한다. 삶의 만족은 직업으로만 채울 수 있는 것이 아니기 때문이다.

▶ 상반된 흥미 유형의 프로파일 Tip

상반된 유형의 프로파일은 육각형에서 마주 보는 유형이 뾰족하게 나온 모양으로, 검사 결과 흥미 유형이 RS, SR, IE, EI, AC, CA인 경우이다. 홀랜드에 의하면 일관성이 낮은 유형의 프로파일이다. 상반된 유형의 정반대 흥미는 그것을 만족하는 직업 환경이 많지 않으므로, 진로 및 직업에 대한 고민이 클 수 있다. 따라서 이와 같은 내담자의 경우는 전문적인 해석과 도움이 필요하다.

이런 프로파일을 가진 내담자를 대상으로 해석 및 상담을 할 때는 내담자가 정말로 이런 상반된 흥미를 모두 가지고 있는지를 확인해 보아야 한다. 이런 프로파일이 나올 수 있는 경우는 중요한 타인, 외부의 기대, 현실적 상황과 자신의 기대 및 비전의 차이, 뚜렷한 흥미를 발견하지 못한 경우, 정말로 상반된 흥미를 가지고 있는 경우이다.

▶ 프로파일 해석

■ 정말로 상반된 흥미를 가지고 있는 내담자라면, 상반된 흥미를 만족시키는 직업 및 진로 탐색에 대한 혼란을 이미 겪고 있을 수 있고, 감정의 불일치를 경험하고 있을 수 있으므로 직업 환경에서 두 흥미를 수용하려는 시도와 함께 겪고 있는 갈등을 이해해 줌으로써 내담자를 도울 수 있다.

■ 인접한 유형의 흥미를 가진 사람들에 비해 직업정보가 많지 않을 수 있으나, 직업 선택의 기회가 없는 것은 아니다. 따라서 정반대 흥미를 효과적으로 충족시킬 수 있는 대안을 모색한다. 예

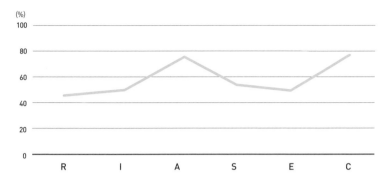

상반된 프로파일

를 들어, 하나의 흥미 분야는 직업에서, 상반된 다른 흥미 분야는 여가나, 취미, 봉사활동에서 찾아보게 할 수 있다. 또한 하나의 유형과 관련된 직업 환경에서 상반되는 유형의 직무를 탐색하도록 해 본다.

■ 상반된 자신의 흥미 조합에 적합한 직업을 직접 창직할 수도 있다.

▶ 흥미를 측정하는 하위척도 또는 영역별 유형 불일치 프로파일 Tip

각 검사에서 제공하는 하위척도나 영역별 점수에서 유형 불일치의 경우를 말한다. 대표적인 검사들이 제공하는 하위척도나 영역을 보면 다음과 같다.

■ Holland's SDS (가이던스): 활동, 역량, 직업, 자기평가

■ Holland 진로적성검사(인사이트): 성격적성, 능력적성, 직업적성

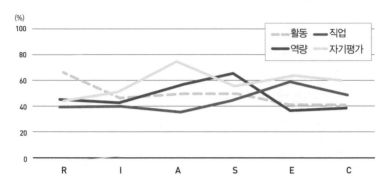

영역별 불일치 프로파일

- STRONG 진로탐색검사 II (어세스타): 능력, 성격, 활동
- SMART진로종합검사(퓨쳐플랜): 흥미, 성격, 적성, 직업

이러한 영역별 또는 하위척도의 유형은 일치되게 나올 수도 있고, 불일치되게 나올 수도 있다. 불일치는 피검사자의 독특하고 중요한 정보를 제공해 줄 수 있다. 예를 들어, Holland's SDS 검사에서 활동과 직업은 높은데 역량과 자기평가는 낮다거나, STRONG 진로탐색검사 II 에서 성격이나 활동은 함께 높은데 능력 척도 점수가 차이가 날 수도 있다.

▶ **프로파일 해석**
- 각 하위척도나 영역별 문항이 무엇을 재고자 하는 것인지 하위척도와 영역에 대한 의미를 정확히 알고, 피검사자의 개인적인 정보들을 추가로 수집하여 결과의 의미를 신중하게 해석해야

한다.

- 피검사자에게 척도나 영역들의 의미를 완전히 이해하게 함으로써 보다 정확한 해석이 될 수 있다.
- 피검사자가 제대로 응답했는지를 확인하고, 제대로 응답한 경우 불일치의 결과는 내담자의 중요한 정보이므로 진로 및 직업을 탐색할 때 의미 있는 정보로 활용하도록 한다.

척도 및 영역 간의 불일치는 어떤 특정한 활동에 대한 흥미 하나만으로 과연 '그 사람이 그 직업에 종사할 때 즐겁게 일하기에 충분한가?'를 생각하게 한다.

7. 주요 심리 검사별 홀랜드 육각형 모형 및 용어 비교

다음은 중·고등학교 현장에서 학생들의 진로 탐색을 위해 실시하는 심리검사 중 Holland 이론에 근거하여 흥미 유형 정보를 제공하고 있는 주요 심리검사이다. 결과표의 육각형 모양, 6가지 유형, 육각형을 그리는 피검사자의 점수 및 유형 부여에 대해 비교한 것이다.

심리검사	육각형 모형 및 용어	육각형 점수 유형 부여
진로탐색검사 (Holland's SDS) – 한국가이던스	현실형(R) 탐구형(I) 관습형(C) 예술형(A) 진취형(E) 사회형(S)	백분율 3코드 부여 (제시)
Holland 진로적성검사 – 인사이트	실재형(R) 탐구형(I) 관습형(C) 예술형(A) 기업형(E) 사회형(S)	백분율 3코드 부여 (제시)
직업흥미검사(H형) – 커리어넷	실재형(R) 관습형(C) 탐구형(I) 기업형(E) 예술형(A) 사회형(S)	T 점수 2코드 부여 (제시)

심리검사	육각형 모양과 유형	육각형 점수 유형 부여
청소년 직업흥미검사 – 워크넷	현실형(R) 관습형(C) 탐구형(I) 진취형(E) 예술형(A) 사회형(S)	원점수 2코드 부여 (제시)
STRONG 진로탐색검사 II – 어세스타	현장형(R) 탐구형(I) 사무형(C) 예술형(A) 진취형(E) 사회형(S)	T 점수 2코드 부여 (제시)
SMART 진로종합검사 – 퓨쳐플랜	현장형(R) 사무형(C) 탐구형(I) 사업형(E) 예술형(A) 사회형(S)	T 점수 2코드 부여 (제시)

8. 홀랜드 흥미 유형별 기본(기초) 흥미

다음은 홀랜드 흥미 유형에서 일반적인 흥미 분야의 방향을 알고, 그 유형 안에서 직무나 업무 형태의 진로 선택에 참고가 될 만한 기본 (기초) 흥미 정보의 내용이다.

검사 종류 홀랜드 유형	직업흥미검사(H) (중·고) – 커리어넷	청소년직업흥미검사 (중·고) – 워크넷	STRONG직업흥미검사Ⅱ (고~성인) – 어세스타
	선호직업분야	기초흥미분야	기본흥미척도(BIS)
R유형 (Realistic)	기계·기술 사회 안전 농림환경 운동	기계·기술 사회 안전 농림	기계/건설 컴퓨터/전자기기 군사활동 안전서비스 자연/농업
I유형 (Investigative)	이학공학연구 인문사회연구	과학·연구	과학 연구조사 의학 수학
A유형 (Artistic)	음악 미술 문학 방송 영상	음악 미술 문학	시각예술/디자인 공연예술 글쓰기/언론 요리
S유형 (Social)	교육 사회복지서비스	교육 사회서비스	상담/봉사 교육/인적자원 개발 사회과학/종교/영성 보건의료서비스
E유형 (Enterprising)	관리·경영 사회언론 영업 판매	관리·경영 언론 판매	마케팅/광고 판매 기업 운영 정치/대중연설 법
C유형 (Conventional)	사무행정 세무회계	사무·회계	사무관리 세무/회계 정보시스템 금융/투자

출처: 커리어넷(www.career.go.kr), 워크넷(www.work.go.kr), 어세스타(www.career4u.net)

9. 미래 직업 전망

한국고용정보원은 우리나라 대표직업 196개에 대한 향후 10년간 (2018~2027년)의 일자리 전망과, 이에 영향을 미치는 요인을 수록한 「2019 한국직업전망」을 발표한 바, 이에 대해 살펴보고자 한다. 「한국 직업전망」은 1999년부터 격년으로 발간된 우리나라의 대표적인 직업 정보서이다. 여기에는 직업별 일자리 전망, 하는 일, 되는 방법, 근무 환경, 성별/연령/학력분포 및 평균 임금 등이 수록되어 있다.

「2019 한국직업전망」에 수록된 바에 의하면, 향후 10년간(2018~ 2027년) 일자리 전망이 밝은 직업은 19개로, 보건·의료·생명과학, 법률, 사회복지, 산업안전, 항공, 컴퓨터 네트워크·정보보안 관련 분야에서 2027년까지 취업자 수가 증가하며, 인재 수요가 늘어날 것으로 보았다. 발표된 분야별로 좀 더 자세한 내용을 본다.

▶ 보건·의료·생명과학 분야에서 취업자 수가 늘어나는 직업은 간병인·간호사·간호조무사·물리 및 작업치료사·생명과학연구원·수의사·의사·치과의사·한의사 등이다.

■ 간병인은 국가지원 중심으로의 돌봄 환경의 변화, 치매 및 요양 시설 증가가 요인으로 꼽히며, 간호사는 건강관리 및 의료비용 지출 투자, 활동분야 확대 등이 영향을 미칠 것으로 보고 있다.
■ 간호조무사는 고령인구 증가 등이 요인이며, 물리 및 작업치료

사는 고령화 및 보험시장 확대로 인한 의료서비스 증가 등이 요인이라는 분석이다.

- 생명과학연구원은 식품 및 보건연구 활성화, 기업 생명과학 투자 증가, 바이오에너지 및 생물 다양성 연구 활성화, 법제도 및 정부 정책 등이 긍정적으로 작용할 것으로 예상하고 있다.
- 수의사는 반려동물 문화 확대와 글로벌화에 따른 검역업무 증가 등으로 수요가 증가할 것이며, 의사·치과의사·한의사 등은 고령 인구가 늘어나고 건강보험 적용 범위가 확대됨에 따라 수요가 늘 것으로 보고 있다.

▶ 법률 분야에서는 변리사와 변호사 수요가 증가하며, 사회복지 분야는 사회복지사, 산업안전 분야는 산업안전 및 위험관리원 취업자가 많아질 것으로 보았다.

- 변리사는 기술이 발전하면서 특허건수 증가 및 지적 재산권 중요도 상승 등이 증가 원인이며, 변호사는 법률서비스 수요 증가세에 따라 향후 10년간 취업자 수가 많아질 것으로 전망하고 있다.
- 사회복지사는 고령인구 증가, 기업의 사회적 책임 강조에 따른 사회공헌 및 복지 전담 인력 증대가 요인으로 꼽히며, 산업안전 및 위험관리원은 산업안전 보건에 대한 사회적 인식 확대 및 안전 관련 규제 강화가 긍정적인 영향을 미칠 것으로 본다.

▶ 항공 분야는 항공기 조종사와 항공기 객실 승무원, 컴퓨터 네트워크·보안 분야에서는 네트워크 시스템 개발자·컴퓨터 보안 전문가 취업자가 많아질 것으로 예상했다.

■ 항공의 경우, 취항노선 확대, 여행 수요 증가 등이 항공기 조종사와 객실 승무원 모두에게 긍정적인 요인으로 작용할 것으로 전망하고 있다.

■ 네트워크 시스템 개발자는 IT와 타 산업의 융합, 인공지능 빅데이터에 기반한 초연결 사회로의 전환 등이 증가요인이며, 컴퓨터 보안 전문가는 꾸준한 성장세인 산업계 동향과 인력 수급 전망을 고려할 때, 증가할 것으로 예측하고 있다.

▶ 이외 분야에서는 전통 기법으로 한옥, 궁궐 등의 건축물을 신축하거나 보수하는 한식 목공이 건물 보수예산 및 한옥 신축증가 등의 요인으로 혜택을 볼 것으로 전망하고 있다.

■ 신재생에너지를 연구·개발하며, 에너지 효율을 높이는 시스템과 관련된 업무를 수행하는 에너지공학 기술자는 환경에 대한 관심 증가와 신재생에너지 강화정책 등에 따라 취업자 수가 늘어날 것으로 예측된다. 지금까지의 전체 직업별 전망 결과를 다음에서 정리하였다.

| 향후 10년간 취업자 수 증가 직업 및 증가요인 |

연번	분야	직업명	증가요인
1	보건 의료 생명과학	간병인	개인 중심에서 국가지원 중심으로의 돌봄 환경의 변화, 치매 및 요양시설 증가
2		간호사	건강관리 및 의료비용 지출 투자, 간호사의 활동 분야 확대, 간호·간병 통합 서비스
3		간호조무사	고령인구 증가, 간호조무사의 활동 분야 확대
4		물리 및 작업치료사	고령인구 증가, 보험시장 확대로 인한 의료서비스 증가
5		생명과학 연구원	고령화, 식품 및 보건 연구 활성화, 생명과학 기술발전 및 사업화 진전, 기업 생명과학 투자 증가, 바이오에너지 및 생물 다양성 연구 활성화, 법제도 및 정부 정책 요인
6		수의사	반려동물 문화 확대, 글로벌화에 따른 검역업무 증가, 생태계 보존의 필요성 증가
7		의사	고령인구 증가, 건강에 대한 관심 증가
8		치과의사	고령인구 증가, 건강보험 적용 확대(고령자 임플란트)
9		한의사	고령인구 증가, 한의학 접목 산업 확대 및 의료기술 수출, 건강보험 적용 범위 확대
10	법률	변리사	기술 발전에 따른 특허건수 확대, 법률시장 개방에도 불구하고 특허권의 속지주의적 특성에 따른 일자리 안정성, 지적 재산권의 중요도 상승
11		변호사	법률서비스 수요 증가세로 인한 고용 증가
12	사회복지	사회복지사	고령인구 증가, 기업의 사회적 책임 강조(사회공헌 및 복지 전담 인력 수요 증가), 복지정책 강화 등
13	산업안전	산업안전 및 위험관리원	근로자 및 국민의 산업안전 보건에 대한 인식 증가와 정부의 안전에 대한 규제 강화

14	항공	항공기 조종사	여행 수요 증가, 취항노선 확대, 화물 수송 증가, 정부의 항공운송사업 신규 면허 발급 예정, 先 선발 後 교육제도 도입 등
15		항공기 객실 승무원	여가에 대한 관심 증가, 저비용 항공사의 신규노선 취항 증가
16	컴퓨터 네트워크· 보안	네트워크 시스템 개발자	IT와 타 산업의 융합, 인공지능 빅데이터에 기반한 초연결 사회로의 전환 등으로 신규 직종이 많이 발생
17		컴퓨터 보안 전문가	꾸준한 성장세인 산업계 동향과 인력 수급 전망 고려
18	건설	한식목공	문화재 보수예산의 증가, 한옥 신축 증가 등의 영향
19	화학/섬유 환경 및 공예	에너지공학 기술자	미세먼지 등 환경에 대한 관심 증가, 국내외 신재생에너지 강화정책 등에 따른 연구·개발·서비스 증가

출처: 한국고용정보원 홈페이지(www.keis.or.kr)

빠르게 변하는 미래 일자리에 적응하기 위해서는 혁신적으로 발전하는 기술에 대한 능력을 기르고, 자신의 특성 이해와 선호하는 직업 분야에 대한 개척과 도전정신이 중요하다.

한국노동경제학회 노동경제논집의 '첫 일자리 이탈 영향요인 분석'에 의하면 청년 취업자의 50.2%는 처음 취직한 직장을 1년 안에 그만뒀다. 1년 이상 2년 미만으로 다닌 이들은 18.9%, 2년 이상 4년 미만은 18.7%였다. 첫 직장에서 4년 이상 버틴 이들은 12.2%에 불과했다. 즉, 청년 취업자 10명 중 5명은 첫 직장을 1년 안에 그만두는 것으로 나타났다. 처음 취직한 곳에서 4년 이상 일하는 청년은 10명 중 1명에 불과했다. 학력별로 보면 대졸 이상 취직자 가운데 1년 안에 퇴사하는 비율이 55.4%로 가장 높았고, 고졸 이하(49.2%), 전문대졸(41.2%) 순이었다(황광훈, 2020).

학교에서 일터로 연결된 첫 일자리에서 만족하지 못하고, 짧은 시간 안에 이직을 경험하는 것은 자신의 특성에 적합한 직업 탐색 과정으로 볼 수도 있다. 하지만 이는 업무에 대한 숙련도를 방해하며, 새로운 직업에서의 근로조건에도 부정적인 영향을 미쳐 개인적, 사회적, 국가적 자원 낭비로 이어진다. 따라서 이러한 문제를 줄이기 위해, 자기이해와 구체적 직무에 대한 충분한 탐색으로 개인-직업, 전공-직업 간의 미스매치가 낮아지도록 하는 것이 필요하다. 이러한 측면에서 보면, 현장에 있는 진로진학교사의 진로상담(코칭)에 대한 책임이 더 무거워진다고 할 수 있다.

■ **학생의 희망 직업 TOP20(2019년도 조사 기준)**

다음은 한국직업능력개발원이 매년 초·중·고 학생과 학부모, 담임교사, 진로전담교사, 관리자(교장, 교감)를 대상으로 조사하는 진로교육 현황조사 중에서, 2019년 조사기준 학생들이 원하는 희망 직업 상위 20개이다. 희망 직업의 폭이 넓어진 것을 볼 수 있으나, 아직도 초·중·고 학생들이 원하는 상위 직업에는 매년 '교사'가 있으며, 상급학교 학생일수록 현실적으로 안정된 직업을 희망하고 있는 것으로 볼 수 있다.

구분	초등학생		중학생		고등학생	
	직업명	비율	직업명	비율	직업명	비율
1	운동선수	11.6	교사	10.9	교사	7.4
2	교사	6.9	의사	4.9	경찰관	3.8
3	크리에이터	5.7	경찰관	4.9	간호사	3.7
4	의사	5.6	운동선수	4.3	컴퓨터공학자/소프트웨어 개발자	3.6
5	조리사(요리사)	4.1	뷰티디자이너	3.2	군인	2.9
6	프로게이머	4.0	조리사(요리사)	2.9	생명·자연과학자 및 연구원	2.6
7	경찰관	3.7	군인	2.6	건축가/건축디자이너	2.3
8	법률전문가	3.5	공무원	2.5	항공기승무원	2.1
9	가수	3.2	컴퓨터공학자/소프트웨어 개발자	2.5	공무원	2.0
10	뷰티디자이너	2.9	간호사	2.2	경영자/CEO	1.9
11	만화가(웹툰작가)	2.5	경영자/CEO	1.9	의사	1.9
12	제과·제빵사	2.4	항공기승무원	1.8	뷰티디자이너	1.8
13	과학자	1.8	건축가/건축디자이너	1.8	기계·자동차공학자 및 연구원	1.7
14	컴퓨터공학자/소프트웨어 개발자	1.7	법률전문가	1.8	의료·보건 관련직	1.7
15	수의사	1.6	가수	1.8	화학·화학공학자 및 연구원	1.6
16	작가	1.6	일러스트레이터	1.7	유치원교사/보육교사	1.6
17	배우/모델	1.4	심리상담사/치료사	1.7	운동선수	1.5
18	연주가/작곡가	1.4	작가	1.7	조리사(요리사)	1.5
19	군인	1.3	연주가/작곡가	1.7	연주가/작곡가	1.5
20	생명·자연과학자 및 연구원	1.3	유치원교사/보육교사	1.6	마케팅·홍보 관련 전문가	1.4
	누계	68.4	누계	58.2	누계	48.5
N	6,505		6,365		6,679	

출처: 초·중·고 진로 교육 현황조사(한국직업능력개발원, 2019)

참고문헌

고용노동부(2014). 청소년 직업심리검사 사용자가이드. 한국고용정보원.

고용노동부, 한국고용정보원(2015). 사이버 진로·직업 상담 노트. 서울: 진한엠앤비.

김봉환, 정철영, 김병석(2006). 학교진로상담. 서울: 학지사.

김봉환(2010). 진로상담의 실제. 서울: 학지사.

김봉환(2011). 진로교육에서 직업카드 활용의 현황과 과제. 열린교육연구. 19(1).

김봉환 외(2013). 진로상담(한국상담학회 상담학총서 6). 서울: 학지사.

박가열 외(2018). 2019 한국직업전망. 한국고용정보원.

박창규 외(2019). 코칭 핵심 역량. 서울: 학지사.

손은령 외(2017). 진로진학상담교육론. 서울: 사회평론아카데미.

안창규(2017). 홀랜드적성검사 전문가 지침서. 서울: 인싸이트.

연문희, 강진령(2002). 학교상담:21세기의 학생생활지도. 서울: 양서원.

이동혁, 황매향, 임은미(2013). 진로상담의 과정과 기법. 서울: 학지사.

이재창(2005). 생활지도와 상담. 서울: 문음사.

이재창 외(2014). 진로상담의 이론과 실제. 파주: 아카데미프레스.

임은미 외(2017). 진로진학상담 기법의 이론과 실제. 서울: 사회평론아카데미.

전도근(2017). 진로교육과 진로상담. 고양: 서현사.

정영선, 김현녕(2014). 청소년을 위한 진로상담. 서울: 시그마프레스.

조성진(2009). 코칭이 자기효능감, 성과 및 가족관계에 미치는 영향과 이에 대한 감성지능의 조절효과. 충남대학교 박사학위논문.

조성진(2013). 대학생 코칭프로그램 훈련 효과 분석과 활성화 방향 모색. 코칭능력개발지. 15(3), 한국코칭능력개발원.

조성진(2015). 진로설계와 코칭리더십. 파주: 정민사.

지용근(2005). 진로상담의 이해. 서울: 동문사.

천성문 외(2020). 대학생을 위한 진로코칭. 서울: 학지사.

하창순(2004). 한국판 자기통제력척도 타당화 연구. 단국대학교대학원 박사학
위논문.

한미희 외(2012). 자녀와 함께 나누는 행복한 대화. 전라남도교육연구정보원.

황광훈(2020). 노동경제논집. 한국노동경제학회 43(2).

황매향 외(2011). 진로탐색과 생애 설계. 서울: 학지사.

게리 콜린스(양현주·이규창 역, 2011). 게리 콜린스의 코칭바이블. 한국기독학생회
출판부.

도로시 리즈(2016). 노혜숙 역. 질문의 7가지 힘. 서울: 더난출판사.

Angela L. Duckworth(2016). *GRIT*. 김미정 역(2016). GRIT. 서울: ㈜비지니스북
스.

Charles Duhigg(2012). *The Power Of Habit*. 강주헌 역(2012). 습관의 힘. 서울: 갤
리온.

하워드 가드너(2007). *Multiple Intelligences*. 문용린, 유경재 역(2007). 다중지능. 서
울: 웅진지식하우스.

Brown,D., & Brooks, L. (1991). *Career counseling techniques*. 김충기, 김희수 공역
(2003). 진로상담의 기술. 서울: 시그마프레스.

Gysbers, N. C., Heppner, M. J., & Johnston, J. A.(1997). *Career counseling: process,
issues, and techniques*. 김봉환 역(2003). 진로상담의실제. 서울: 학지사.

고입정보포털 www.hischool.go.kr.

대입정보포털 www.adiga.kr.

대학알리미 academyinfo.go.kr.

서울진로진학정보센터 www.jinhak.or.kr.

어세스타 www.career4u.net.

영삼성 www.youngsamsung.com.

워크넷 www.work.go.kr.

진로정보망 커리어넷 www.career.go.kr.

전국 각 시도교육청 진로진학정보(지원)센터.

큐넷(Q-Net) www.q-net.or.kr.

통계청 http://kosis.kr.

청소년 사이버 상담센터 www.cyber1388.kr:447.

하이파이브 www.hifive.go.kr.

한국가이던스 www.guidance.co.kr.

한국고용정보원 홈페이지 www.keis.or.kr.

학교알리미 www.schoolinfo.go.kr.

한국교육과정평가원 www.kice.re.kr.

한국대학교육협의회 www.kcue.or.kr.

한국직업방송 www.worktv.or.kr.

한국청소년정책연구원 www.nypi.re.kr.

EBS 교육방송 www.ebs.co.kr.

HRD-Net www.hrd.go.kr.